Gerda Irini Asbach

Reiki

Heilende Kraft der Hände

Mosaik bei
GOLDMANN

Dieses Buch ist sorgfältig erarbeitet worden. Die gegebenen Empfehlungen und Vorschläge zur Selbst- und Partnerbehandlung sind Wege der natürlichen Heilung und in Ihre Selbstverantwortung gestellt. Sie sind gedacht als Ergänzung zu ärztlichen und anderen therapeutischen Heilverfahren. Bei akuten Beschwerden, Unfällen etc. wenden Sie sich bitte an Ihren Arzt oder Heilpraktiker. Verlag und Autorin können für eventuelle Nachteile oder Schäden, die aus den im Buch gegebenen praktischen Hinweisen resultieren, keine Haftung übernehmen.

Bildnachweis: Alle Bilder stammen von Marcel Weber, München, mit Ausnahme von Seite 37 (R. Kausch, Südwest Verlag Archiv)

FSC
Mix
Produktgruppe aus vorbildlich
bewirtschafteten Wäldern und
anderen kontrollierten Herkünften
Zert.-Nr. SGS-COC-1940
www.fsc.org
© 1996 Forest Stewardship Council

Verlagsgruppe Random House FSC-DEU-0100
Das für dieses Buch verwendete FSC-zertifizierte Papier *Munken Print*
liefert Arctic Paper Munkedals AB, Schweden.

2. Auflage
Vollständige Taschenbuchausgabe Januar 2009
Wilhelm Goldmann Verlag, München,
in der Verlagsgruppe Random House GmbH
© 2006 by Südwest Verlag, in der Verlagsgruppe Random House GmbH, München
Umschlaggestaltung: Design Team München
Umschlagmotiv: Marcel Weber, München
Redaktion: Petra Bachmann
Satz: Uhl + Massopust, Aalen
Druck und Bindung: GGP Media GmbH, Pößneck
MV · Herstellung: IH
Printed in Germany
ISBN 978-3-442-17045-6

www.mosaik-goldmann.de

Inhalt

Vorwort   9

Die heilende Energie spüren   15

Energie fließt durch die Hände   16
Meditation mit den Händen   20
Meditation mit dem Partner   22

Hände in der Tradition des Heilens   24

Was ist Reiki?   29

Die Bedeutung von Reiki   30

Reiki ist Energie   30

Die Energiekörper des Menschen   34
Die Aura   35
Die Energiekörper   36
Die Chakras   39

Die sieben Hauptchakras auf einen Blick   44

Wie wirkt Reiki?   47
Die Reiki-Behandlung   49
Die Reiki-Einweihung   52
Zehn Gründe für Reiki   54

Reiki in der Praxis   56
Reiki für Groß und Klein   56
Reiki für die Nahrung   57

Reiki für Tiere	60
Reiki für Pflanzen	61
Reiki für unbelebte Materie	62

Reiki und andere Heilverfahren 63

Wo können Sie Reiki lernen? 65
- Grundkurs 66
- Reiki-Meister 67
- Reiki-Organisationen 68
- Die Seminargebühren 68

Die Tradition von Reiki 75

Dr. Usui – eine Legende 76
Die Tradition der Meister 81

Reiki in der Praxis 85

Vier Reiki-Grade auf einen Blick 86

Grundkurs Reiki – erster Grad 89
- Die Handpositionen 92
- Die Reiki-Selbstbehandlung 94
- Die Reiki-Partnerbehandlung 104
- Der Ausgleich der Chakras 120
- Die Reiki-Kurzbehandlung 124
- Die Reiki-Sonderpositionen 128
- Informationen für die Zeit danach 135

Aufbaukurs Reiki – zweiter Grad   140
  Der Einweihungsweg   143
  Die Reiki-Symbole und -Mantras   145
  Die Reiki-Fernbehandlung   151

Reiki-Meister – dritter Grad   159
  Die Meistereinweihung   162

Reiki-Lehrer – vierter Grad   164
  Die Aufgabe der Lehrer   165

Krankheit und Heilung   167

Krankheit als Weg   168

Alltagsbewältigung und Stress   171
  Energieblockaden – Auslöser für Krankheiten   172
  Volksweisheiten – die Sprache der Organe   174

Vier Schritte zur Heilung   179

Reiki im Notfall   181

Erfahrungen mit Reiki   183
  Meine persönliche Erfahrung   193

Anhang   183
  Buchempfehlungen   195
  Musikempfehlungen   196
  Adressen   196
  Information über Kurse der Autorin   197
  Über die Autorin   198
  Register   199

Vorwort

Als ich 1989 das erste Reiki-Seminar besuchte, war diese Methode der natürlichen Heilung noch weitgehend unbekannt. Inzwischen ist Reiki eine weltweit verbreitete Methode der Energiearbeit. Viele Menschen habe ich im In- und Ausland in Reiki eingeweiht sowie eine Reihe von Schülerinnen in Deutschland zu Reiki-Meisterinnen/-Lehrerinnen ausgebildet.

Seit ich Reiki praktiziere, haben sich mir viele Türen geöffnet. Der Leiter einer Bildungsinstitution lud mich ein, ab Herbst 1994 Reiki-Kurse anzubieten. 1997 folgte ich der Einladung einer Schülerin auf die Philippinen, um dort Reiki zu unterrichten.

Der Südwest-Verlag schenkte mir die Möglichkeit, ein Buch über Reiki zu schreiben.

Dass das Buch nun in seiner schönen neuen Form erscheinen kann, ist dem zunehmenden Interesse an Reiki zu verdanken. Allen Lesern und Reiki-Praktizierenden, die dieses Buch seit seiner Ersterscheinung 1996 als Arbeitsgrundlage benutzt, weiterempfohlen und verschenkt haben, sage ich von Herzen Dank.

Reiki wird immer populärer

Jede neue Methode durchläuft im Wesentlichen drei Phasen: Sie wird belacht, sie wird bekämpft, sie wird selbstverständlich. Reiki hat alle diese Phasen durchlaufen.

»Placebo-Effekt« war einer der Begriffe der ersten Phase und wissenschaftlich nicht nachweisbar. Trotz der äußeren und der durch Reiki-Praktizierende selbst ausgelösten Stürme ist die Zahl der Menschen, die Reiki praktizieren, von Jahr zu Jahr gestiegen.

Man muss kein radikaler Gegner der Schulmedizin sein, um sich mit asiatischen Heilmethoden auseinanderzusetzen. Vielleicht können in Zukunft beide nebeneinander bestehen. Immer mehr Menschen vertrauen neben den Errungenschaften der Medizin mehr und mehr natürlichen Heilverfahren, die ihre Selbstheilungskräfte unterstützen. Sicher einer der Gründe, der Reiki bei vielen Menschen der unterschiedlichsten Berufe und Altersstufen so populär gemacht hat. »Was heilt, hat recht.«

Einweihung in die Reiki-Grade

Für mich persönlich war die Einweihung in den ersten Reiki-Grad ein bewegendes Erlebnis. Es war wie ein Wiederentdecken eines alten Heilwissens, das ich wohl schon lange kannte, aber vergessen hatte. Ich behandelte Freundinnen und Verwandte und erlebte, dass Geben und Nehmen eins sind, gleichermaßen nährend und beglückend. Die während der Behandlung erfahrene Liebe und Geborgenheit führte die Behandelten und auch mich teilweise in tiefe Prozesse. Zusammenhänge von seelischen Verletzungen, lebensbehindernden Blockaden und der Entstehung von Krankheiten wurden für mich immer deutlicher. Nach der Einweihung in den zweiten Reiki-Grad im Frühjahr 1990 begann ich im Mai 1991 eine vierjährige therapeutische Ausbildung in körperorientierter Gestalttherapie. Zur Reiki-Meisterin wurde ich im Mai 1992 eingeweiht. Der Reiki-Lehrer folgte 1994.

Mit der Möglichkeit, Reiki zu lehren und andere Menschen in diese natürliche Heilmethode einzuweihen, wurde mir eine sinnerfüllende neue Tätigkeit geschenkt. Dabei flossen gestalttherapeutische Ansätze in meine Reiki-Arbeit ein, so wie Reiki in manchen therapeutischen Sitzungen unterstützend war. Beides ergänzte sich auf ganz einfache, fast selbstverständliche Art und Weise.

Vieles habe ich in der Arbeit mit und von den Schülerinnen und Schülern lernen dürfen. Dabei eröffnete mir Reiki die Möglichkeit, Menschen auch in entferntesten Regionen in schwierigen Situationen und bei Krankheit zu unterstützen. Es gelang mir, meinen Kindern und Enkeln Heilungsenergie zu schicken, auch wenn sie sich gerade am anderen Ende der Welt aufhielten.

Heilende Kraft des Reiki

Im Jahr 1992 erkrankte ich an Multipler Sklerose. Alles, was ich bis dahin mit und durch Reiki an reichhaltigen Erfahrungen über Krankheit und Heilung gesammelt hatte, lieferte mir nun auf meinem weiteren Weg wertvolle Unterstützung.

Die Diagnose, die mir der behandelnde Arzt erst nach einem halben Jahr mitteilte, rief bei mir zunächst heftigen Widerstand hervor, mit der Folge eines weiteren Krankheitsschubes. Die Krankheit zeigte sich nun so deutlich, dass ich nicht mehr wegschauen konnte. Neben partiellen Lähmungen hatte ich Konzentrations-, Koordinations- und Sprachstörungen. Auch das linke Auge war beeinträchtigt. Mein Energiehaushalt war dramatisch reduziert, lähmende Müdigkeit wurde zu meinem ständigen Begleiter. Ein vertrauensärztliches Gutachten bestätigte die Diagnose mit dem Ergebnis, dass Heilmaßnamen keine Besserung mehr bringen und damit nicht befürwortet werden könnten. Auch Medikamente wurden mir nicht verordnet.

Die eigenen Begrenzungen und Symptome ließen mich schließlich erkennen, an welchen alten Konzepten ich festhielt, wie ich mich immer wieder selbst verletzte und lähmte. Bilder eines traumatischen Erlebnisses in meiner Kindheit traten schmerzlich in mein Bewusstsein und zeigten mir die Zusammenhänge zwischen alten Verletzungen und einschränkenden Mustern. In dieser Situation halfen mir Reiki-Behandlungen, meinen Geist zu entspannen. Mit dem Loslassen meiner eigenen Vorstellungen sowie der tiefen Hingabe an die Gesetze des Lebens und dem Vertrauen in die mich leitenden kosmischen Kräfte begann nach und nach die Heilung.

Heute kann ich sagen, dass ich vollkommen beschwerde- und symptomfrei bin. Die Krankheit wurde mir dadurch geradezu zum Geschenk auf dem Weg des Lernens und Erkennens.

Mein Seminarzentrum in Griechenland

Seit dem Frühjahr 2000 lebe und wirke ich mehr als zwei Drittel des Jahres im Seminarzentrum *Milelja-Inselgarten* in Molivos auf der Insel Lesbos in Griechenland.

Inzwischen auch in Geomantie und Aqua-Balancing ausgebildet, setze ich mich für eine energievolle Gestaltung der Anlage im Einklang mit der Natur und eine gesunde vitalstoffreiche Ernährung der Gäste ein. Ich gebe Energiebehandlungen und wassertherapeutische Anwendungen im hauseigenen Pool. Staunend und dankbar erfahre ich, wie die Heilenergie alle meine Lebensbereiche durchwirkt und heilt.

Für Ihren persönlichen Reiki-Weg wünsche ich Ihnen Licht und Freude und Vertrauen in die heilenden Kräfte.

Gerda Irini Asbach

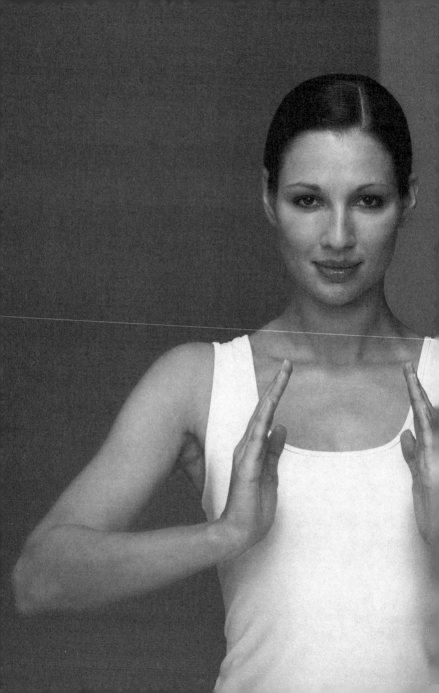

Die heilende Energie spüren

Unsere Hände sind uns ganz selbstverständlich. Wir benutzen sie tagtäglich, ohne groß über sie nachzudenken. Doch unsere Hände helfen uns nicht nur, unseren Alltag zu bewältigen – sie können viel mehr. Durch sie fließt Lebensenergie, die heilend wirkt. Wir können diese Kraft kennen lernen und gezielt einsetzen, für unser eigenes Wohl und für das der anderen.

Energie fließt durch die Hände

Täglich setzen Sie Ihre Hände ein – es beginnt beim morgendlichen Zähneputzen und endet abends beim Aufräumen. Nutzen Sie Ihre Hände einmal für die Heilung: Reiki wird durch sie übertragen, darum möchte ich diesen Körperteilen zu Beginn des Buches besondere Beachtung schenken.

Die Hände sind die ersten und ältesten Werkzeuge der Menschen. Mit Ihren Händen handeln Sie in der Welt, üben Sie Beruf und Berufung aus. Ob Sie nun das Essen für Ihre Familie bereiten, den Haushalt versorgen, Bäume fällen oder Häuser bauen, kreativ gestalten, formen oder am Schreibtisch tätig sind: Ihre Hände vollziehen Ihre Handlungen.

Die Hände sind auch Werkzeuge für den zwischenmenschlichen Kontakt. Der Handschlag als Begrüßung ist zwar etwas aus der Mode gekommen, doch auch beim Hallo und Tschüss winkt die Hand. Hände berühren und streicheln, Hände segnen, sie geben und nehmen, öffnen und schließen Türen, grenzen ein und überschreiten Grenzen. Hände liebkosen und Hände tragen Waffen, sie verletzen und töten.

Wenn Blockaden den Lebensfluss behindern

Der österreichische Psychoanalytiker Wilhelm Reich entdeckte, dass sich psychische Blockaden auf körperlicher Ebene in einer Daueranspannung der Muskeln zeigen. Sie spiegeln nicht bewusste und nicht verarbeitete Erlebnisse wider und haben eine Schutzfunktion. Diese Blockaden werden auch Panzerungen genannt, denn sie wehren einerseits die Verletzungen von der Außenwelt ab und schützen andererseits davor, die eigenen Gefühle und den damit verbundenen Schmerz wahrzunehmen.

Reich systematisierte diese Panzerungen, die sich im ganzen Körper zeigen können, und teilte sie in Segmente ein. Nach seiner Theorie gehören Arme und Hände zum Herzsegment. Ist die Energie hier blockiert, kann das u. a. zu Verspannungen und Schmerzen im Schulterbereich, in den Armen und Händen führen. Eine Blockade der Handlungsenergie kann sich auf der rechten Körperhälfte zeigen; fehlende emotionale Unterstützung oder die Schwierigkeit, Hilfe anzunehmen, macht sich auf der linken Körperseite bemerkbar.

Bewusst sich selbst öffnen

- Wenn Ihnen das Herz vor Angst in die Hose rutscht, hindert diese Angst Sie daran, aus dem Herzen heraus – und d. h. in Verbindung mit der Lebensenergie – zu handeln.
- Arbeiten Herz und Hand dagegen zusammen, sind Geben und Nehmen ausgeglichen, ist die Lebensenergie im Fluss.

Das Prinzip ist einfach, nur lässt sich der angestrebte Zustand per Knopfdruck oder Kopfentscheidung nicht herstellen. Blockaden im Bereich des Herzsegments, die zu Verspannungen und Schmerzen im Schulterbereich führen können, gehen oft auf sehr frühe Verletzungen, angelernte Verhaltensmuster und Reaktionen zurück. Wenn Sie sich das bewusst machen, haben Sie schon den ersten Schritt auf dem Weg zur Heilung getan.

Die heilende Energie spüren

Tanzen öffnet
Tanz ist ein geeignetes Mittel, das Herz zu öffnen und die Energie zu wecken. Im Kreistanz wird Hand in Hand eine Verbindung unter den Menschen hergestellt. Fasst man sich an die Schultern, wird der Brustkorb weit, und das Herz steht offen. Rhythmus und Raumform stellen während des Tanzes eine Harmonie von Körper, Geist und Seele her. Der Kreis ist in seiner Form der Kosmos selbst, und der Einzelne spürt während seiner Auf-und-ab-Bewegung in sich die Verbindung von Himmel und Erde. Der Tanz war bereits im Altertum ein Heilritual, und Tänze finden unter diesem Aspekt heute wieder mehr und mehr Beachtung und Anerkennung.

Segnende und heilende Hände

Schon im Altertum wünschten sich die Menschen den Segen ihres Gottes oder ihrer Göttin für ihr Tun. Sie kannten ihre eigenen Begrenzungen, aber auch ihr Eingebundensein in ein größeres Ganzes. Und so wie sie sich unter der segnenden Hand Gottes wussten, so segneten sie auch ihre Kinder. Segen wurde verstanden als ein Geburts- oder Erbrecht, etwas, was jedem einerseits zusteht, was er andererseits aber nicht selbst herstellen kann. Fluch wurde verstanden als das Fehlen oder Abgeschnittensein vom göttlichen Segen oder vom Segen der Gemeinschaft, der Familie oder Sippe. So stellte der Segen den Kontakt her, mit dem der Mensch sich geborgen und geleitet fühlte. Der Betende, Bittende sucht die Verbindung zu Gott, und Gott neigt sich seinerseits dem Menschen zu, er tritt mit ihm in Verbindung.

Viele Werke großer Künstler geben Zeugnis von der Tradition segnender Hände, beispielsweise Dürers »Betende Hände« oder Michelangelos Kuppelgemälde in der Sixtinischen Kapelle, in dem der ausgestreckte Zeigefinger Gottes die Hand Adams fast berührt. Das gläubige Hinwenden zu Gott und das Vertrauen in seinen Segen kommt auch in vielen literarischen Werken und Liedtexten zum Ausdruck. So z. B. in Friedrich Schillers Gedicht »Das Lied von der Glocke«: »Von der Stirne heiß rinnen muss der Schweiß, soll das Werk den Meister loben, doch der Segen kommt von oben.« In einem Erntedanklied von Matthias Claudius heißt es: »Es geht durch unsre Hände, kommt aber her von Gott.«

Hände sind ein Tor nach innen
Schauen Sie Ihre Hände doch einmal an. Sind sie nicht wundervoll gestaltet? Für die, die darin lesen können, offenbart sich in der Handfläche der ganze Lebensweg eines Menschen. In der Hand liegen wichtige Akupunkturpunkte, die Energiepunkte, über die alle inneren Organe beeinflusst werden können. Oder denken Sie an die feinen Linien, die Ihren Fingerabdruck unverwechselbar machen.

In den Händen liegen auch Heilchakras. Das Wissen darum ist vielen weitgehend verloren gegangen. Heilende Hände gelten als eine besondere Begabung, die nur wenigen Menschen vorbehalten ist. Tatsächlich aber besitzen wir alle Heilchakras in den Händen und damit die Möglichkeit, unsere Hände zur Heilung zu nutzen.

Auch wenn uns die Handlung oft nicht bewusst ist, so setzen wir doch diese Fähigkeit zum Heilen mit den Händen intuitiv ein, wie durch ein inneres Wissen geleitet: Mütter und Väter legen ihrem Baby bei Blähungen die Hand auf den Bauch. Jedes Kind legt seine Hände auf, wenn es sich gestoßen hat. Was tun Sie, wenn Sie Zahnschmerzen haben, Ihre Augen brennen, Ihr Magen nach einer zu üppigen Mahlzeit drückt, als Erstes? Wie die meisten legen auch Sie wahrscheinlich intuitiv Ihre Hände auf die betroffene Stelle. Die aufgelegte Hand lindert den Schmerz, mindert den entstandenen Druck, beruhigt, wärmt, gibt Schutz und Geborgenheit.

Meditation mit den Händen

Was machen Sie mit Ihren Händen den lieben langen Tag? Ich möchte Sie dazu einladen, sich Ihrer Hände Tun in einer Meditation bewusst zuzuwenden.

Sorgen Sie zunächst dafür, dass Sie ungestört sind (Babysitter engagieren, Klingel abstellen, Anrufbeantworter einschalten). Sie brauchen einen Raum ganz für sich allein. Schaffen Sie eine Atmosphäre der Geborgenheit: Zünden Sie eine Kerze an, vielleicht auch eine Duftlampe, wenn Sie mögen, lassen Sie sich durch sanfte Musik im Hintergrund begleiten. Ziehen Sie Socken an, und decken Sie sich gegebenenfalls mit einer warmen Decke zu. Die Meditation wird etwa 20 Minuten dauern.

- Setzen oder legen Sie sich nun bequem hin, sodass Sie gut entspannen können. Schließen Sie die Augen, und geben Sie sich ganz der Ruhe hin. Es gibt nichts mehr für Sie zu tun.
- Sie fühlen sich sicher und geborgen. Sie spüren die Stuhllehne, die Sie stützt bzw. den Boden, der Sie trägt.
- Richten Sie Ihre Aufmerksamkeit jetzt auf Ihren Atem. Folgen Sie Ihrem Atem, wie er ein- und ausströmt, ein und aus. Das geschieht ganz von selbst, Sie brauchen es nicht zu tun, aber Sie können es

auch nicht verhindern. Durch Ihren Atem sind Sie mit dem Leben verbunden.
- Gedanken, die sich einstellen, lassen Sie vorbeiziehen wie kleine weiße Wolken am Sommerhimmel. Sie folgen Ihrem Atemrhythmus: ein und aus, ein und aus.
- Richten Sie nun Ihre Aufmerksamkeit auf Ihre Hände. Wie sehen Ihre Hände aus, die einzelnen Finger? Was ist das Besondere an ihnen? Was unterscheidet sie von anderen Händen?
- Lassen Sie den vorangegangenen Tag an sich vorüberziehen: vom morgendlichen Aufstehen bis zum Schlafengehen. Beobachten Sie Ihre Hände bei all Ihrem Tun, beim Frühstück, bei Ihrer Arbeit, in den Pausen, nach Feierabend. Was tun Ihre Hände für Sie? Wie drücken Sie sich durch Ihre Hände aus? Wie handeln Sie in der Welt?
- Schicken Sie Liebe und Aufmerksamkeit in Ihre Hände, und danken Sie für die vielen Möglichkeiten des Tuns.
- Legen Sie nun Ihre Hände auf Ihre Augen, dann auf Ihren Hinterkopf, Ihre Brust, den Bauch oder auch auf eine andere Stelle Ihres Körpers, an der Sie vielleicht Spannungen spüren. Wählen Sie bewusst zum Kennenlernen zunächst nur eine Position aus.
- Stellen Sie sich vor, wie heilende Energie durch Ihren Scheitel in Sie einströmt, abwärts fließt in Ihr Herz, weiterfließt durch Ihre beiden Arme in Ihre Hände und in der Mitte der Handflächen wieder austritt.
- Sie können sich die Energie als bernsteinfarbenes Licht vorstellen, das in Sie einfließt und Sie ganz erfüllt.
- Genießen Sie für ein paar Minuten die Wärme Ihrer Hände und das Strömen der Energie.
- Verabschieden Sie sich dann von Ihrer Meditation und Beobach-

tung. Danken Sie der unerschöpflichen Energie und Ihren Händen für ihr Tun.
- Öffnen Sie wieder Ihre Augen, und kommen Sie in den Alltag zurück. Ein paar tiefe Atemzüge, ein Recken und Strecken der Glieder unterstützen Sie dabei.

Falls Ihnen die Übung gefallen hat, wiederholen Sie sie vor dem Schlafengehen oder beim Aufstehen, zusammen mit Ihrem Freund oder einer Freundin, mit einem Partner oder einer Partnerin.

Wenn Sie mögen, sprechen Sie den hier vorgegebenen Text auf Kassette, und lassen Sie sich während der Meditation von den Worten lenken.

Meditation mit dem Partner

Kennen Sie Situationen, wo Worte machtlos sind und nicht mehr ausreichen, einen Konflikt zu lösen und wieder in Kontakt zu kommen? Häufig liegt die Ursache darin, dass wir den Kontakt zu uns selbst verloren haben. Wir verschließen uns, sind nicht mehr ansprechbar und werden unnahbar. Die Meditation mit einem Partner kann eine Hilfe sein, diese Sprachlosigkeit überbrücken zu lernen. Sie dauert etwa zehn Minuten.

- Setzen Sie sich im Meditationssitz einander gegenüber, eine gerollte Decke oder ein (Meditations-)Kissen stabilisieren den Sitz.
- Sollte das Sitzen auf dem Boden für Sie unbequem sein, können Sie auch auf Stühlen einander zugewandt sitzen. Der Abstand sollte so sein, dass Sie sich mit den Händen leicht berühren können. Achten

Sie auf eine Haltung, die es Ihnen ermöglicht, ganz entspannt und bequem zu sitzen.
- Schließen Sie beide die Augen, und folgen Sie Ihrem Atem. Spüren Sie, wie Ihr Atem ein- und ausströmt, wie sich Ihre Brust hebt und senkt.
- Lassen Sie alle Gedanken kommen und gehen, ohne sie zu bewerten oder etwa festzuhalten. Sie fließen wie Ihr Atem ein und aus.
- Legen Sie die linke Hand auf Ihr Herzchakra, es liegt in der Mitte der Brust auf der Höhe des Herzens. Spüren Sie, wie Ihr Herz schlägt. Spüren Sie Ihren eigenen Rhythmus und das Auf und Ab Ihres Brustkorbs. Sie werden bemerken, wie Ihr Atem immer tiefer wird und Ihr Brustkorb sich dabei weitet.
- Stellen Sie sich vor, wie heilende Energie in Ihren Scheitel einströmt, durch Ihr Herz fließt und an den Händen ausströmt. Gönnen Sie sich ein paar Minuten Zeit, um Ihre Hand auf dem Herzchakra und das Strömen der Liebesenergie durch den Körper zu spüren.
- Legen Sie dann Ihre rechte Hand sanft auf das Herzchakra Ihres Partners. Spüren Sie das Fließen der Energie – Geben und Nehmen, Nehmen und Geben sind jetzt eins. Gönnen Sie sich auch hierfür ein paar Minuten Zeit.
- Danken Sie dem Lebensstrom, an den Sie sich jetzt wieder angeschlossen fühlen. Sie sind Teil eines großen Ganzen, und die Energie wird Ihnen geschenkt.
- Öffnen Sie dann Ihre Augen, und schauen Sie Ihr Gegenüber an. Tauschen Sie sich über Ihr Erlebnis aus. Es kann aber auch sein, dass es jetzt keiner Worte mehr bedarf. Eine Meditation zu zweit kann sehr aufschlussreich sein: Seien Sie dabei offen für sich selbst und für den Partner, dann erfahren Sie viel über die Beziehung.

Hände in der Tradition des Heilens

Das Auflegen der Hände wurde zu allen Zeiten zur Heilung von Leiden eingesetzt, und das hat sich bis heute nicht geändert. Ob bei Heilern auf den Philippinen, bei den Aborigines, den australischen Ureinwohnern, bei den Maoris in Neuseeland oder bei Naturheilern in der westlichen Welt. Da es sich beim Handauflegen um die ursprüngliche Form des Heilens handelt, verwundert es auch nicht, dass die Grundprinzipien immer übereinstimmen.

Kein Heiler und keine Heilerin heilt allein aus sich heraus, sondern immer in Verbindung mit der geistigen Welt. So ist das Heilen zugleich ein Dienst für Gott und für die menschliche Gemeinschaft. Die Art und Weise, in der die Heilung vollzogen wird, hängt von dem kulturellen wie religiösen Umfeld ab, in dem sie stattfindet.

Priesterinnen und Priester

In alter Zeit lag die Ausübung der Heilkunst in den Händen von Priesterinnen und Priestern. Sie sahen Heilung als einen spirituellen Vorgang. Priester wie Priesterinnen dienten Gott und den Menschen, sie waren auch Heiler und Ärzte. Sie heilten durch Gebet, Zeremonien und das Auflegen der Hände auf den Körper der Erkrankten.

Die Ausbildung zur Heilerin oder zum Heiler war ein langer Weg der Versenkung in Gott und sich selbst sowie der Selbstreinigung. Priester oder Heiler wurde ein Mensch nicht aus eigenem Wollen; er wurde dazu berufen. Dann jedoch musste er diesen Weg gehen mit allem, was ihn erwartete. Prüfungen, Ängste, Zweifel, das Gefühl des Getrenntseins und der Verlassenheit als Stationen auf dem Weg der Selbstreinigung und -heilung mündeten schließlich in der Erfahrung von Demut, der Hingabe an den göttlichen Plan und letztendlich dem Vertrauen in den eigenen Weg.

Schamaninnen und Schamanen

In den Naturreligionen obliegt das Heilen den Medizinmännern und -frauen, auch Schamanen genannt. Sie werden auf ihren Weg berufen. Es ist ein Weg des Dienstes an der Gemeinschaft in Verbindung mit der geistigen Welt. Schamanen heilen durch Zeremonien, Auflegen von Pflanzen und Auflegen der Hände. Wie die Priester im Altertum müssen auch sie sich Prüfungen unterziehen.

Schamanen werden immer wieder – oft durch Krankheit – aus der Welt geworfen. Sie brauchen die Zeiten des Rückzugs und der Einsamkeit, um in der Natur sich selbst und ihrem Gott wieder zu begegnen. Die eigene Leiderfahrung und die Heilung der alten Wunden dienen der Verwurzelung im Dasein und dem wachsenden Mitgefühl für das Leid anderer. Letztlich ist jede Prüfung Läuterung und Schliff.

Indianer- und afrikanische Eingeborenenstämme versetzen sich mit Hilfe von Trommeln und Rasseln in Trance, um ihren Geistern zu begegnen und ihnen als Medium zu dienen. Sie benutzen halluzinogene oder narkotische Pflanzen, die Visionen hervorrufen oder berauschen, um in Ekstase zu geraten. Die Pflanzen selbst gelten als heilig; sie sind Repräsentanten des Gottes, mit dem die Schamanen sich vereinigen und von dem sie etwas lernen.

Christliche Heiler

Das Neue Testament ist voll von Geschichten der Wunderheilungen. Jesus heilte durch das Auflegen seiner Hände und durch die Kraft seiner Worte in Rückverbindung mit der göttlichen Quelle. Jesus heilte in göttlichem Auftrag und mit der göttlichen Energie, die er ausstrahlte.

Auch die zwölf Jünger Jesu heilten in seinem Namen Kranke durch Auflegen der Hände. In Lukas 10 wird berichtet, dass er 70 Männer aussandte, seinen Weg vorzubereiten und dabei auch Kranke zu heilen (Lukas 10,9). Im Markus-Evangelium stehen die letzten Worte Jesu an seine Jünger, bevor er in den Himmel aufgenommen wurde: Die Gläubigen wird man daran erkennen, »dass Kranke, denen sie die Hände auflegen, gesund werden« (Markus 16,18).

Buddhistische Heiler

Der Weg der Heilung ist im Buddhismus ein Weg der Meditation und der geistigen Bewusstwerdung. Trotzdem existiert auch im Buddhismus das Heilen durch Auflegen der Hände. Buddha heilte auf diese Weise und gab das Wissen um die Heilenergie an seine Schüler weiter. Auch in der buddhistischen Tradition stand vor dem Erlangen der Heilenergie ein langer Weg der Versenkung in Gott wie in sich selbst und der jedem Schüler auferlegten, ganz individuellen Prüfungen. »Medicine-Buddha« heißt dieses Wissen um die Heilkraft der Hände, das noch heute angewandt wird.

Tibetische Mönche

Im alten Tibet wurde die Heilkunde von dafür auserwählten Mönchen ausgeübt. Die Berufung zum Heilkundigen stand am Ende eines jahrelangen Übens in Meditation und Selbstreinigung. Heilkundige gab es in jedem Kloster. Die tibetischen Mönche heilten durch das Auflegen der Hände und das Singen von Mantras sowie die Anwendung heiliger, heilender Symbole.

Die Mönche verfügten über ein großes Wissen vom Energiekörper des Menschen. Durch geistige und körperliche Übungen stärkten sie die Energiekörper und förderten die Selbstreinigung. In tiefer Versenkung fanden sie Mantras und Klänge, die die Energiekörper der Menschen harmonisierten und in Einklang mit dem Kosmos brachten. Zugleich wurde durch die Anwendung der Mantras und Laute die Schwingungsfrequenz der Lebensenergie erhöht. Die Klänge selbst waren heilig und darum heilend.

Schließlich eröffnete sich den heilkundigen Mönchen das Wissen um die heiligen Symbole, die die Energiekanäle des Menschen reinigen und zu einem starken Einströmen der Heilungsenergie führen. Dieses Wissen war streng geheim und wurde zunächst nur mündlich innerhalb der Klöster weitergegeben. Dass es uns heute wieder zugänglich ist, verdanken wir der Tatsache, dass es vor ca. 2500 Jahren von einem Schüler Buddhas in den Sanskrit-Sutren schriftlich niedergelegt wurde.

Auf dieses Wissen gründet sich Reiki. Denn es sind genau diese Sanskrit-Sutren, in denen Dr. Mikao Usui aus Kyoto in Japan die Schlüssel und Symbole für die Reiki-Energie fand.

Was ist Reiki?

Um Reiki zu erlernen, brauchen Sie keine Vorkenntnisse. Aber um zu verstehen, was diese asiatische Energielehre ist und wie sie funktioniert, benötigen Sie ein wenig Hintergrundwissen. Machen Sie sich vertraut mit den Energiekörpern des Menschen, der Aura, und erfahren Sie, in welchen Bereichen Reiki eingesetzt werden und helfen kann.

Die Bedeutung von Reiki

Reiki (Aussprache: Reeki) ist ein japanisches Wort und heißt übersetzt »Universale Lebensenergie«. Der japanische Arzt aus Kyoto, Dr. Usui, entdeckte die alte Heilmethode Ende des 19. Jahrhunderts wieder und gab ihr diesen Namen. »Rei« steht für das Allumfassende Große Ganze, das Ungeteilte. »Ki« ist der Fluss der Energie. Es geht also bei Reiki um das Fließen, die Bewegung der Lebensenergie, die allem Lebenden innewohnt.

Energie in Bewegung

Die Silbe Ki, bei den Chinesen Chi genannt, findet sich in vielen anderen Körpertherapien wieder, die auch mit dem Fluss der Energie arbeiten, beispielsweise Tai Chi Chuan, Qi Gong, Shiatsu, Kinesiologie, um nur einige zu nennen. Interessanterweise bedeutet übrigens das griechische Wort »kinesis« Bewegung.

Reiki ist Energie

Am Anfang steht die Liebe der schöpferischen Kraft zum Geschöpf, die Liebe, die alles erschaffen hat und sich in immer neuen Formen ausdrückt. Reiki ist Liebesenergie. Manche Teilnehmer der Reiki-Seminare empfinden sie auch als Engelsenergie.

Gott oder die Liebe

Modernen Wissenschaftlern ist es gelungen, das Leben bis in seine Molekularstruktur zu analysieren. Doch wie weit der Mensch auch in die Geheimnisse des Lebens eindringt, am Ende steht er vor dem Wunder, das er nicht erklären und nicht schaffen kann. Am Ende, d.h. am Anfang jeden Lebens, steht der Impuls, der alle Materie durchdringt und den wir Gott oder Liebe nennen.

Reiki als Ursprung

Reiki ist die Energie, aus der das Universum erschaffen ist. Je weiter wir die Dinge zu ihrem Ursprung zurückführen, umso einfacher werden sie. Reiki ist einfach und schlicht. Es ist der Anfang allen Seins.

Es entspricht der Natur des Geistes, die Dinge zu analysieren und zu systematisieren. Demzufolge entwickelte sich Reiki auch zu einem System und wird das »Usui-System der natürlichen Heilung« oder auch »The Radiance Technique« genannt. Das sind Kategorisierungen, die das Unerklärliche erklären und verständlich machen sollen. Tatsächlich aber ist Reiki weder ein System noch eine Technik oder Methode. Das alles sind nur »Gefäße«, in denen Reiki transportiert wird.

In Indien heißt das Wort für kosmische Lebensenergie »Prana« und in Russland »Bioplasma«. Wilhelm Reich nannte diese Energie »Orgon«.

Lebensenergie, Universale Energie, Schöpfungsenergie oder wie immer wir sie nennen, ist in unerschöpflichem Maß vorhanden. Es ist die Energie, in der wir leben, aus der wir atmen und Kraft schöpfen und aus der alles Leben auf unserem Planeten geboren und genährt wird. Diese Energie steht uns zur Verfügung, ohne dass wir sie uns verdienen. Wir müssen uns dafür nicht anstrengen. Umfang und Maß dieser Energie bleiben immer konstant.

Die Energie, die viele Namen hat, war den Menschen in alter Zeit stärker bewusst. Sie lebten und heilten aus ihr heraus – die alten Ägypter ebenso wie die keltischen Druiden und die Azteken.

Energie ist die Ursubstanz allen Lebens. Sie fließt durch alles Lebendige, und wie wir durch die Relativitätstheorie Einsteins wissen, ist auch die so genannte unbelebte Natur Bewegung und Schwingung.

Verbanntes Wissen

Bis zum Mittelalter wurde dieses Wissen von der Lebensenergie auch in unseren Breiten von Heilkundigen angewandt. Die Natur wurde als belebt angesehen, Pflanzen, Steine, selbst die Gestirne galten als Wesen aus Energie. Mystikerinnen und Mystiker der großen Weltreligionen besaßen ein tiefes Verständnis von den Geheimnissen der Natur und dem Universum. Sie wussten um das Eingebundensein des Menschen in ein größeres Ganzes und verehrten in der Schöpfung den Schöpfer selbst.

Im Zuge der Aufklärung und der damit verbundenen Entzauberung und Entgöttlichung der Natur ging dieser mystische Glaube weitgehend verloren. Das Sichtbare, Beweisbare rückte in den Vordergrund, und das Nichtsichtbare, Nichtbeweisbare wurde in den Bereich des Aberglaubens verwiesen. Der Machbarkeitswahn ließ den Menschen zum Schöpfer werden, und die Macht des Geldes wurde zum neuen

Gott. Der Mensch schickte sich an, die Natur zu beherrschen, und trennte sich damit in Wirklichkeit von ihr. War Glaube vorher eine sinnliche leibseelische Erfahrung, wurde er nun zu einer bloßen Angelegenheit des Kopfes.

Wir sind als Individuen und als Gruppe heute aufgefordert, die Wurzeln unseres Lebens zu erkennen und neue Wege zu gehen, die dieser Tatsache Rechnung tragen. Mensch und Umwelt sind krank geworden durch das rein materialistische Weltbild. Es hat sich erschöpft und muss zum Wohle unseres Planeten einem neuen Denken und Handeln weichen. Reiki verbindet Sie mit dem Ursprung der Dinge. In diesem Sinn wirkt Reiki religiös. Reiki wird Ihren Glauben verstärken, unabhängig davon, wie Sie sich Ihren Gott vorstellen und ob Sie ihn Gott, Göttin, Jahwe, Allah oder göttliche Kraft nennen.

Energie ist nicht verlierbar

Jeder kann täglich erleben, dass die Energie nicht verloren geht. Nahrung als Energieträger wird z. B. nach ihrer Aufnahme im Körper umgewandelt, in Handlungsenergie oder geistige Energie. Energie verwandelt sich. Sie nimmt eine andere Form an, geht als solche aber nicht verloren.

Wir sind als Menschen des 21. Jahrhunderts in so große Vernetzungen und Zusammenhänge gestellt, dass der Energiekreislauf für uns oft nicht mehr nachvollziehbar ist. Doch er besteht; Energie ist permanent in Bewegung, und aus ihr entsteht immer wieder etwas Neues.

Am Beispiel des biologischen Landbaus lässt sich dieser Kreislauf am besten beschreiben: Gras und Feldfrüchte werden an die Tiere verfüttert. Sie liefern Energie in Form von Milch, Milchprodukten, Eiern und Fleisch an den Menschen. Die Abfallprodukte werden als Energieträger dem Boden wieder zugeführt, auf dem dann wieder Nahrung wächst. Die Energie ist im Austausch, im Fluss, sie verändert sich ständig, geht aber nicht verloren. So ist es auch mit der kosmischen Energie.

Aus der eigenen Erfahrung
Am Abend vor meinem ersten Reiki-Seminar überfielen mich die für einen Neubeginn üblichen Zweifel: Kann ich das? Mache ich das gut genug? Wird es funktionieren? Was ist Reiki eigentlich? Wie soll ich es den Seminarteilnehmern erklären?

Ich übergab all meine Fragen und Ängste einem Gebet. Im Traum wurde mir die Anwort geschenkt: Ich sah ein Samenkorn, aus dem sich im Zeitraffertempo eine große Sonnenblume entwickelte. Ihre Blüte öffnete sich weit, Bienen befruchteten die Blütenpollen, Samen wuchsen, trennten sich aus dem Blütenkorb und fielen zur Erde. Dazu hörte ich eine Stimme: »Gott ist Liebe. Wer in der Liebe ist, der ist in Gott und Gott in ihm.«

Die Energiekörper des Menschen

Reiki ist eine universale Energie und nährt unseren Energiekörper. Um zu verstehen, wie Reiki genau wirkt und wie Sie es gezielt einsetzen können, hier zunächst einige Ausführungen zur Aura, den verschiedenen Energiekörpern eines jeden Menschen und den Chakras.

Die Aura

Viele besitzen ein Gespür für die Ausstrahlung von Menschen. Mit unseren wachen Sinnen nehmen wir Mimik, Gestik, Körperhaltung, den Klang der Stimme wahr und dazu noch etwas, was all das umfasst und darüber hinausgeht. Wir nennen es Ausstrahlung. »Dieser Mensch hat eine starke, schwache oder positive Ausstrahlung«, sagen wir und meinen damit seine Aura, ohne sie direkt zu benennen.

Tatsächlich haben wir neben dem für alle sichtbaren physischen Körper einen energetischen Körper, genauer ausgedrückt sieben feinstoffliche Körper, die den sichtbaren Körper umhüllen. Dieses Feld der feinstofflichen Körper wird Aura genannt. Der Begriff Aura, der heute fast umgangssprachlich verwendet wird, ist keine Neuentdeckung. Aurasichtige Heiler aller Zeiten wussten darum, auch in unseren Breiten.

Von Hildegard von Bingen zur Kirlian-Fotografie

»Reiki ist Weisheit und Wahrheit.«

Hawayo Takata

Hildegard von Bingen, Mystikerin, Äbtissin und Naturheilerin, schrieb schon im 12. Jahrhundert zum Thema Aura: »So verfügt aber jedes Wesen über einen sichtbaren und einen unsichtbaren Körper, den sichtbaren, kleineren, sehen wir mit bloßen Augen. Ein weit größerer Körper, der jedes Wesen umgibt, besteht aus Energie. Es wird noch lange dauern, bis das messbar ist.«

Wie hellsichtig und weitschauend war diese kluge Frau! Heute, gut acht Jahrhunderte nach ihrer Zeit, verfügen wir über Methoden, die Aura und damit die Energie eines Menschen zu messen. Mit Hilfe der Kirlian-Fotografie, so genannt nach den beiden russischen Wissenschaftlern Semjon und Walentina Kirlian, können wir sie sogar fotografisch darstellen. An Aufnahmen von den Händen einer Reiki-Praktizierenden vor und während einer Reiki-Fernbehandlung ist deutlich der verstärkte Energiefluss nach der Behandlung zu sehen.

Für die Übermittlung der Reiki-Energie gibt es keine Grenzen. Sie ist über weite Strecken möglich. Das funktioniert selbst dann, wenn die empfangende Person davon nicht informiert wurde. Die Anwendung von Fern-Reiki erlernen Sie im Reiki-Aufbaukurs (S. 140).

Die sichtbare Aura
Durch Weiterentwicklung der Hochfrequenz-Fotografie in Verbindung mit Elektronik und Computertechnologie ist es heute sogar möglich, ein Farbbild des Menschen mit seiner Aura in den verschiedenen Dimensionen, dem Vital-, dem Emotional-, dem Mental- und dem Spiritualkörper sowie eine Energiefarbdarstellung der Chakras und der inneren Organe herzustellen.

Die Energiekörper

Der sichtbare Körper des Menschen ist von feinstofflichen Körpern umgeben, die je nach Entwicklungsstand des Einzelnen eine Ausdehnung von mehreren Kilometern haben können. Die körpernahen Felder sind von außen nach innen gesehen der Spiritualkörper, der Mentalkörper, der Emotionalkörper und der Vital- oder Ätherkörper.

Die Energiekörper des Menschen

Die vier Aura-Schichten umgeben den menschlichen Körper nicht gleichmäßig, sondern dehnen sich ellipsenförmig aus.

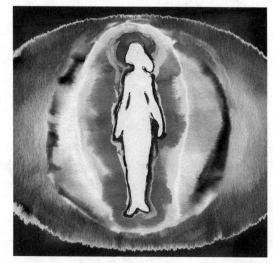

Diese feinstofflichen Körper sind das leuchtende Farbenkleid des Menschen, das wir Aura nennen. Sie haben unterschiedliche Formen, Strukturen und Farben und sind nicht voneinander abgegrenzt, sondern durchdringen oder – besser gesagt – durchschwingen einander. Sie nehmen Energie aus ihrer Umgebung, dem Kosmos, auf und geben überschüssige Energie, die der Körper nicht aufnehmen kann, auf dem gleichen Weg ab. Das funktioniert wie ein ständiges Ein- und Ausatmen.

- Der Vitalkörper, der die erste Schicht um den sichtbaren Körper bildet, hat die gleiche Form wie der Körper und wird deshalb auch ätherisches Doppel genannt. Er umhüllt ihn in einem Abstand von etwa fünf Zentimetern und ist zugleich der Schutzmantel, der – gut ausgebildet – das Eindringen von Krankheiten verhindert. Von allen feinstofflichen Körpern hat der Vitalkörper die niedrigste Schwingungsfrequenz. Im Grundkurs Reiki, dem ersten Reiki-Grad, arbeiten wir im Vitalkörper. Ein gut ausgebildeter Vitalkörper sorgt für körperliche Gesundheit und das Wohlergehen.

- Der Emotionalkörper wird auch Astralleib genannt. Er spiegelt Gefühle und Emotionen seines Trägers wider und ist, wenn wir uns konfus fühlen, entsprechend chaotisch, oder geordnet, wenn wir uns ausbalanciert fühlen. Der Emotionalkörper hat eine ovale Form, er dehnt sich bis zu mehreren Metern aus. Hellsichtige Menschen nehmen beim Aurasehen den Emotionalkörper wahr, der alle Farben des Regenbogens in sich trägt und dessen Strahlkraft mit dem Bewusstheitsgrad eines Menschen zunimmt.
- Der Mentalkörper spiegelt unseren Geist wider und zeigt die Strukturen, in denen unser Denken abläuft. Je weniger der Geist in der materiellen Ebene verhaftet ist, desto weiter und durchlässiger ist die Ausstrahlung des Mentalkörpers. Er hat eine höhere Schwingungsfrequenz als der Vital- oder der Emotionalkörper und eine Ausdehung, die etwa so groß ist wie die der beiden ersten Körper zusammen.
- Der spirituelle Körper eines Menschen hat von allen die höchste Schwingungsfrequenz. Alten Schriften zufolge und aufgrund der Wahrnehmung von Menschen, die die einzelnen feinstofflichen Körper sehen können, ist der spirituelle Körper eiförmig oder rund. Sein Umfang bestimmt sich aus dem spirituellen Entwicklungsgrad des Menschen. Er kann z. B. einen Meter über den physischen Körper hinausragen oder bei spirituell Erwachten bis zu einem Kilometer weit reichen.

Es könnte sein, dass Sie das alles zunächst für Kokolores halten, für esoterische Spinnerei. Dass Sie dieses Buch jedoch bis hierher gelesen haben, zeugt von Ihrem Interesse.

Die Chakras

»Chakra« ist ein Wort aus dem altindischen Sanskrit und bedeutet »Rad« oder »Wirbel«. Den Überlieferungen alter Schriften zufolge befinden sich ca. 88 000 solcher Räder oder Wirbel an unserem Körper.

Chakras sind die feinstofflichen Kraftzentralen des Körpers. In ständiger Drehbewegung nehmen sie Energie aus dem Kosmos auf und geben sie wieder ab. Sie sorgen so für den energetischen Austausch. Es gibt fast keinen Punkt an unserem Körper, an dem kein Energieaustausch stattfindet.

Die Intensität des Austausches ist von der Aufnahmefähigkeit, also der Öffnung der Chakras abhängig. Blockaden hemmen den Energiefluss, d. h., körperliche und psychische Probleme wirken sich auf den Energiekörper und den Energiefluss in den Chakras aus.

Die sieben Hauptchakras

Die wichtigsten Chakras sind die sieben Hauptchakras, ca. 40 Nebenchakras und die Chakras an Händen und Füßen. Stellen Sie sich die sieben Hauptchakras vor wie Blüten, die auf der Vorderseite des Körpers ihre Kelche öffnen und deren Blütenstiele auf der Rückseite des Körpers in die Hauptenergiebahn in der Wirbelsäule einmünden.

Das erste Chakra wird Basis- oder Wurzelchakra genannt. Es liegt zwischen Anus und Genitalien und öffnet sich nach unten zur Erde. Es ist zuständig für den Bodenkontakt, unsere Verbindung zur Erde und damit auch für die Zugehörigkeit zur Familie, für Existenzgründung und -sicherung sowie unser Verhältnis zu materiellem Besitz. Es geht hier auch um Situationen des Neubeginns, die Durchsetzungskraft und das Überleben. Ein gut ausgebildetes Wurzelchakra ist eine solide Basis, denn auf ihm bauen die übrigen Chakras auf. Als Verbindung zur Erde ist es der Gegenpol zum siebten Chakra, das die Verbindung zum Himmel herstellt. Zum Wurzelchakra gehört der Geruchssinn, der Duft von Waldboden und frischer Erde. Das Meditieren auf der Farbe Rot sensibilisiert und stärkt diesen Energiebereich. Unterstützende Edelsteine für das erste Chakra sind Jaspis, Hämatit, Rubin, Granat.

Das zweite Chakra heißt Sakralchakra, es ist mit dem Kreuzbein verbunden und liegt zwei Finger breit unterhalb des Nabels, es öffnet sich nach vorne. Es ist dem Element Wasser zugeordnet und zuständig für unsere ursprünglichen Gefühle, das Wünschen und Begehren. Die Natur des Wassers ist das Fließen. Das Loslassen der Vergangenheit heilt alte Wunden und macht das Erleben des Augenblicks möglich. Auf körperlicher Ebene entspricht es dem Bauch- und Beckenraum sowie den Fortpflanzungsorganen. Es ist das Zentrum der schöpferischen Kräfte, der musischen Begabungen, der Sexualität und Sinnlichkeit. Gerade im Bereich der Sexualität gibt es viele Verletzungen, die zum Festhalten an Gefühlen und daraus resultierenden Fehlhaltungen im Kreuzbeinbereich führen. Zum Sakralchakra gehört das Schmecken, die Fähigkeit, den Moment auszukosten. Zur Stabilisierung ist das Meditieren auf Orange oder der Aufenthalt an Wasserläufen und am Meer hilfreich. Unterstützende Edelsteine sind Karneol und Koralle.

Das dritte Chakra, Nabel- oder Solarplexuschakra genannt, befindet sich in Höhe des Magens auf dem Sonnengeflecht, einem Nervengeflecht in der Bauchhöhle. Die Öffnung weist nach vorne. Es wird der Sonne und dem Element Feuer zugeordnet. Das dritte Chakra steht für den sonnenhaften Wesenskern des Menschen, seine Individualität, Ausstrahlung, Ich-Stärke und sein Durchsetzungsvermögen. Ein schwach ausgeprägter Solarplexus kann die Folge familiärer und gesellschaftlicher Anpassung und einer Verleugnung der eigenen Individualität sein. Erkrankungen der zugeordneten Organe Magen, Galle, Leber, Milz oder des vegetativen Nervensystems sind dann möglich. Sie können Ihr Solarplexuschakra stärken durch das Bejahen von Gefühlen, die eigene Gestaltung des Lebens, Meditation auf Gelb – am besten in der Natur: auf einer Löwenzahnwiese, in einem Raps- oder Sonnenblumenfeld.

Das vierte Chakra ist das Herzchakra, das in der Brustmitte liegt, die Öffnung weist wieder nach vorne. Es ist das mittlere Chakra und damit der Zentralpunkt der sieben Chakras. Es hat demzufolge eine vermittelnde und zentrale Bedeutung im Energiesystem. Das Herz ist das Zentrum der Liebe; sie stellt die Verbindung her zwischen Ich und Du, Mensch und Natur, dem Irdischen und Himmlischen. Sie überbrückt Gegensätze und vereint, was getrennt ist. Die Handchakras stehen in enger Verbindung mit dem Herzchakra. Der zugeordnete Sinn ist daher der Tastsinn. Das Thema dieses Chakras ist, Hingabe und Vertrauen ins Leben zu erlernen; wie das Luftelement mit der Bewegung zu gehen, nicht festzuhalten, sondern mit großzügigem Herzen zu schenken und zu empfangen. Meditation auf frischem Grün, ein Spaziergang über Wiesen oder durch den Wald stärken das Herzchakra und schenken neue Energie. Grün ist die Farbe der Regeneration und Heilung. Das Anschauen einer erblühten rosa Rose und die Aufnahme ihres Duftes können die sanfte Öffnung des Herzchakras und die Fähigkeit zur Hingabe unterstützen.

Das fünfte Chakra heißt Kehlkopfchakra. Es liegt – wie der Name schon andeutet – am Übergang zwischen Rumpf und Hals beim Kehlkopf, seine Öffnung zeigt nach vorne. Es besitzt eine innere Verbindung zum Solarplexus. Selbstbewusstheit wird dem fünften Chakra zugeordnet. Es ist das Zentrum für Kommunikation; es verleiht dem Ich Ausdruck und Stimme. In diesen Bereich fällt auch die Fähigkeit, ja oder nein zu sagen. Zum Kehlkopfchakra gehören das Ohr und das Hören auf die innere Stimme. Außerdem verbindet es durch seinen Sitz zwischen Kopf und Rumpf den Körper mit dem Geist. Ein gut ausgebildetes Kehlkopfchakra ermöglicht einen freien Atemfluss und sicheren Selbstausdruck. Sie können es stärken durch Meditation auf den lichtblauen Himmel oder seine Spiegelung im Wasser.

Das sechste Chakra liegt auf der Stirn zwischen den Augenbrauen über der Nasenwurzel und öffnet sich nach vorne. Es wird auch das Dritte Auge genannt. Mit ihm sehen wir die in der materiellen Welt nicht sichtbaren Dinge. Es bietet Zugang zur Intuition, zu Träumen und mystischen Zusammenhängen unseres Daseins. Es ist die Verbindung zur geistigen Welt, zu Erfahrungen, die jenseits des körperlich Wahrnehmbaren liegen. Das Dritte Auge eröffnet den Zugang zu tiefen Wahrheiten. Es ist bei der Mehrzahl der Menschen geschlossen oder nur geringfügig geöffnet, denn der Intellekt lehnt Mystisches, nicht Beweisbares ab. Sie können diese Fähigkeit schulen, indem Sie auf Ihre Ahnungen achten, Ihrer Intuition vertrauen lernen und sich mit Ihren Träumen beschäftigen. Ein Blick in die Weite des nächtlichen Sternenhimmels unterstützt das Gefühl der Verbundenheit mit dem Unendlichen und des Aufgehobenseins im Netzwerk des Lebens. Der zweite Reiki-Grad verstärkt das intuitive Sehen.

Das siebte Chakra ist das Scheitel- oder Kronenchakra, das sich oberhalb der Fontanelle, auf dem Mittelscheitel zum Himmel öffnet. Hier sind die Farben aller Chakras vereint; die vorherrschende Farbe wird als violett beschrieben. In manchen Fällen ist sie auch weiß oder gold wie die Lichtkränze von Heiligenbildern. Das Scheitel- oder Kronenchakra verbindet uns mit dem Göttlichen, aus dem wir hervorgegangen sind und in das wir zurückkehren. Es spiegelt die Essenz des ewigen Seins. Wie weit oder wie schnell sich dieses Chakra entfaltet, steht nicht in unserer Macht. Sein Wachsen vollzieht sich in der Stille. So sind auch Rückzug und Stille Möglichkeiten, dem Göttlichen zu begegnen. Die Nähe des Himmels auf einem Berggipfel und der Blick ins weite Land lassen uns die Erhabenheit des göttlichen Plans ahnen. Unterstützende Edelsteine sind der Amethyst und der Bergkristall.

Die sieben Hauptchakras auf einen Blick

Nr.	Name	Farbe	Thema	Drüse
7	**Scheitel- oder Kronenchakra**	violett	Spiritualität, Verbindung zum Kosmos und zum Höheren Selbst	Zirbeldrüse
6	**Drittes Auge**	indigo	Intuition, Hellsehen, das innere Sehen	Hypophyse
5	**Kehlkopfchakra**	hellblau	Selbstausdruck, Kommunikation, inneres Hören	Schilddrüse
4	**Herzchakra**	lindgrün, rosa	Liebe, Mitgefühl, Geben und Nehmen, Hingabe ans Sein	Thymusdrüse
3	**Solarplexus- oder Nabelchakra**	sonnengelb	sonnenhaftes Ich, Kraft, Gestaltung, Selbstbewusstheit	Bauchspeicheldrüse
2	**Sakralchakra**	orange	Kind, Sinnlichkeit, Kreativität, ursprüngliche Wünsche	Keimdrüsen, Fortpflanzungsorgane
1	**Wurzelchakra**	rubinrot	Urvertrauen, Wille zum Sein, Lebensenergie, Verbindung zur Erde	Nebennieren

Die sieben Hauptchakras auf einen Blick

Körperregion	Element	Edelstein	Naturerfahrung
Großhirn	–	Amethyst, Bergkristall	Berggipfel
Gesicht, Kleinhirn, zentrales Nervensystem	–	Lapislazuli, Sodalith	nächtlicher Sternenhimmel
Stimme, Kehle, Hals, Nacken, Lunge	Äther	Calzedon	Sommerhimmel, Wasserspiegel
Herz, Blutkreislauf, Arme, Hände, Haut	Luft	Jade, Chrysokoll, Malachit, Rosenquarz	Wald und Flur, erblühte Rose
Magen, Galle, Leber, und Milz, vegetatives Nervensystem	Feuer	Citrin, Bernstein, Pyrit-Sonne	gelbe Blüten Felder, Sonnenlicht
Becken, Fortpflanzungsorgane, Nieren	Wasser	Karneol, Koralle	Wasserläufe, Meer
Knochen, Zähne, Blut- und Zellaufbau, Ausscheidungsorgane	Erde	Jaspis, Hämatit, Rubin, Granat	Waldboden, frische Erde

Selbstversuch zur Energiewahrnehmung

Breiten Sie die Arme weit aus, und führen Sie die Hände dann mit geschlossenen Augen langsam zueinander. An einer Stelle, die zwischen 10 und 20 Zentimetern liegen kann, werden Sie einen leichten Widerstand oder ein Wärmefeld spüren. Das ist die Ausstrahlung Ihrer Handchakras.
Die Teilnehmer meiner Reiki-Kurse beschreiben ihr Empfinden dabei als »Watte«, »Luftwiderstand« oder »Luftballon«. Extrem Sensible spüren sogar mehrere Felder. Falls Sie nichts spüren, könnte das daran liegen, dass Ihr Geist das nicht zulassen will. Schließlich haben wir allzu lange gelernt, nur die sichtbaren Dinge für wahr zu halten. Übung macht die Meisterin wie den Meister, und je öfter Sie diesen Versuch unternehmen, umso sensibler werden Sie.
Sie können mit Ihren Händen auch die Energiefelder der sieben Hauptchakras (Seite 73) wahrnehmen. Versuchen Sie es einmal! In meinen Reiki-Seminaren wiederhole ich diesen Test nach den Energieaktivierungen. Alle Teilnehmer spüren dann eine deutliche Veränderung des Energiestroms in ihren Händen.

Chakras und Körper
Die Chakras liegen im Ätherkörper und stehen in einer Wechselbeziehung zu den feinstofflichen Körpern einerseits und dem stofflichen Körper andererseits. Auf körperlicher Ebene sind die Chakras eng mit dem Drüsensystem verbunden, dem so genannten endokrinen Sys-

tem, ganz besonders mit den Drüsen, die für die Hormonausschüttung und somit für den Flüssigkeitshaushalt des Körpers zuständig sind, der hormonell gesteuert wird. Zum besseren Verständnis dieser Verbindung betrachten Sie die Abbildungen auf Seite 73. Durch die Behandlung der Chakras können innere Organe und Drüsen positiv beeinflusst werden.

Die Chakras untereinander
Alle Chakras sind gleich wichtig. Darum ist es gut, wenn sie auch untereinander gleichgewichtig sind: Die Chakras stehen nämlich nicht nur in einer Wechselbeziehung zum Energiekörper und dem tatsächlichen Körper, sondern sie stehen auch miteinander in Verbindung. Belastungen im Bereich eines Chakras führen zu einem verminderten Energiefluss und haben durch das Zusammenwirken aller Chakras negativen Einfluss auf das gesamte Energiesystem.

Mit Reiki erhalten Sie die Möglichkeit, die Chakras auszugleichen, sodass die Energie wieder gleichmäßig fließt. Sind die Chakras harmonisiert, fühlt sich auch der Mensch wieder ausgeglichen. Zum Ausgleich der Chakras mit Reiki lesen Sie bitte das Kapitel »Der Ausgleich der Chakras« (Seite 120 ff.)

Wie wirkt Reiki?

Liebe heilt alle Wunden, sagt der Volksmund und benennt damit im Kern die Wirkungsweise von Reiki. Liebe heilt, denn sie hebt die Trennung auf, stellt die innere Verbundenheit, die Einheit mit dem umgebenden Ganzen, der Welt wieder her. Beim Ausgleich der Chakras (Seite 120 ff.) verbinden Sie als Erstes das oberste, siebte Chakra mit dem untersten, ersten, auch Wurzelchakra genannt.

Ausgewogen denken und leben

Wir nehmen unsere Realität heute als Polarität wahr. Deutlich zeigt sich das in unserer Sprache: Das Gute wird in Abgrenzung zum Nicht-Guten definiert. Sprache ist Ausdruck des Geistes, der die Realität schafft. Diese Abgrenzung schafft eine Bewertung: Gut ist nicht schlecht, schlecht ist nicht gut.

Damit geraten wir in ein Entweder – Oder, und d. h., wir kommen in eine Spaltung. Wenn Polarität als Spaltung erlebt wird, dann bringt sie Disharmonie und Krankheit. Unserer Herkunft nach aber sind wir aus dem Ganzen entstanden und damit ganz, d. h. ausgewogen. Wir leben in einer Balance.

Zwei Seiten akzeptieren lernen
Licht ist nicht die Abwesenheit von Schatten, sondern die Voraussetzung: Es macht ihn sichtbar. Licht und Schatten bedingen einander, sie sind voneinander durchdrungen. Wenn die inneren Bewertungen aufhören, wenn wir uns selbst mit unseren Licht- und Schattenanteilen so annehmen wie wir sind, dann leben wir in der Liebe. Das ist Heilung. Das deutsche Wort »heil« ist verwandt mit dem englischen »whole«, was »ganz« oder »vollständig« bedeutet.

Reiki gibt den Ausgleich
Da Reiki, die Heil- und Liebesenergie, bipolar, ganz, umfassend ist, stellt sie im Menschen die gesunde, ursprüngliche Ordnung wieder her. Diese intelligente Energie, die alles Leben erschafft, kennt auch die Baupläne allen Lebens. Darum ist Reiki so einfach. Wir schließen uns an die höhere Intelligenz an und dienen ihr als Kanal. Ihre Energie fließt durch uns.

Reiki erfasst den ganzen Menschen in seiner Entwicklung und mit seinen momentanen Bedürfnissen. Der Mensch, der mit Reiki versorgt wird, bekommt immer das, was er gerade braucht.

Die Reiki-Behandlung

Bei einer Behandlung strömt die Reiki-Energie in den Behandelnden ein und fließt durch seine Hände in den Organismus des Empfangenden. Treffender ist zu sagen, der Empfangende »zieht« die Energie durch den Behandelnden, denn als Reiki-Praktizierende sind Sie ein Kanal für die Lebensenergie.

Dies geschieht ganz allein durch das Auflegen der Hände. Sie brauchen nichts zu tun, und Sie können nichts falsch machen. Die Energie fließt im Körper des Empfängers dahin, wo sie gerade gebraucht wird. Die Menge richtet sich nach dem Bedarf.

Von den Empfangenden wird die Reiki-Energie als Wärme empfunden, aber auch als ein Kribbeln oder Pulsieren. Manche können das Strömen der Energie deutlich wahrnehmen.

Von der eigenen Energie des Gebenden geht währenddessen nichts verloren, im Gegenteil! Während der Reiki-Behandlung eines anderen wird auch der Gebende mit Reiki versorgt. Das schützt ihn davor, sich selbst zu verausgaben.

Energie fließt neu

»Der Tag wird kommen, nachdem wir uns Wind,
Gezeiten und Schwerkraft zunutze gemacht haben,
dass wir für Gott die Energien der Liebe nutzen werden.
Und an dem Tag, zum zweiten Mal in der Geschichte der Welt,
wird der Mensch das Feuer entdeckt haben.«

Teilhard de Chardin

Reiki bringt die Energie im Körper wieder ins Fließen und löst krankheitsverursachende bzw. lebensbehindernde Blockaden. Die mit diesen Blockaden verbundenen Erfahrungen werden frei, sie können dem Bewusstsein zugeführt und dann von den Betroffenen ausgedrückt werden. Dabei kann es sich um Freude, Trauer, Schmerz und Wut genauso handeln wie um ein befreiendes Lachen oder das befriedigende Gefühl des wieder mit Energie Genährtseins.

Reiki folgt der Weisheit des Körpers und den momentanen Möglichkeiten des Einzelnen. Nur das tritt ins Bewusstsein, was derjenige gerade verarbeiten kann. Während der Reiki-Behandlung wird dem Behandelten oft ein negatives Gedankenmuster bewusst, das zur Auslösung der Krankheit geführt hat. Alte, vielleicht unbewusst übernommene Verhaltensweisen oder Wertungsschemen können erkannt und durch positive eigene Gedanken ersetzt werden.

Das schafft Reiki
So führt Reiki schrittweise zu mehr Bewusstheit und Klarheit und damit zu einer verantwortlichen Selbstgestaltung des Lebens.
- Reiki wirkt Stress abbauend und harmonisierend. Es ist deshalb in unserer Stress erzeugenden Umwelt ein segensreiches Geschenk.
- Reiki bringt ins Gleichgewicht, was aus der Balance geraten ist.
- Reiki aktiviert die Selbstheilungskräfte, beugt somit Krankheiten vor und unterstützt die Heilung.

Während und nach einer Reiki-Behandlung empfinden die meisten eine tiefe Ruhe, ein Gefühl der Loslösung, Frieden, Liebe, Klarheit und immer einen Zuwachs an Energie. Der Mensch bekommt das, was er braucht, um wieder ausgewogen und in sich selbst ruhend im Leben zu stehen.

Manchmal ist das, was wir meinen zu brauchen, und das, was uns wirklich fehlt, nicht dasselbe. So kann es bei Reiki-Behandlungen auch schon einmal zu Überraschungen kommen.

Reiki in der Praxis
Ob Sie gerade überfordert, krank oder aber ganz gesund sind – immer kann Reiki Ihnen Energie geben, um mit den Belastungen des Alltags besser fertig zu werden. Ein Beispiel zur Wirkung von Reiki: Eine meiner Freundinnen bat mich um eine Reiki-Behandlung, weil sie sich völlig energielos und schwach fühlte. Während der Behandlung, besonders im Herzbereich, flossen zunächst Tränen. Gegen Ende der Sitzung wurde sie immer unruhiger. Schließlich schrie sie und tobte ihre aufsteigende Aggression an einer bereitgestellten Matratze aus.

Nachdem der Sturm vorüber war, lachte sie, wirkte strahlend und voller Energie. In einem Nachgespräch konnte sie den Zusammenhang zwischen einem zurückgehaltenen Ärger, dem dahinterliegenden Verhaltensmuster und ihrer anfänglichen Kraftlosigkeit herstellen.

Die Reiki-Einweihung

Alle Menschen besitzen Heilchakras und damit auch die Fähigkeit, Kanal und Werkzeug der Heilenergie zu sein. Allerdings: Werkzeuge, die lange nicht benutzt werden, können rosten und werden manchmal sogar unbrauchbar. So ist es auch mit der Heilfähigkeit der Menschen. Ihre Sensibilität für den Empfang und das Weiterleiten von Heilenergie ist heute leider oftmals verkümmert.

Den Körper reinigen

Bei einer Reiki-Einweihung werden mit Hilfe überlieferter Symbole zunächst die Energiebahnen gereinigt, sodass die Reiki-Energie wieder frei und ungehindert fließen kann. Aus einem Rinnsal wird so ein lebendiger Bach. Die verwendeten Symbole werden von den Reiki-Praktizierenden geheim gehalten. Sie lernen einige dieser Symbole, allerdings nur in ihrer Wirkungsweise, im Aufbaukurs kennen, der in diesem Buch beschrieben wird. Anderen Symbolen begegnen Sie im weiteren Verlauf Ihres Reiki-Weges während der Meister- oder Lehrer-Ausbildung.

Die Teilnehmer von Reiki-Seminaren können das stärkere Fließen der Lebensenergie unmittelbar nach der Einweihung wahrnehmen.

Einweihung als Heilungsritual

Das Wort »Einweihung« beim Erlernen von Reiki wurde uns mit der japanischen Tradition überliefert.

- Manche assoziieren mit diesem Begriff religiöse Praktiken, sie befürchten Abhängigkeiten oder eine Form des Ausgeliefertseins.
- Die Einweihung ist jedoch tatsächlich ein Heilungsritual. Es kommt daher einer Initiation gleich, wie sie einst in den alten Mysterienschulen praktiziert wurde.

Ich nenne diesen Vorgang deshalb auch »Initiation in die Reiki-Kraft«. Bei dieser Initiation in die Reiki-Kraft wird die »Empfangsantenne« des Körpers für Energie neu ausgerichtet, die Empfangskanäle für die Lebensenergie werden gereinigt und wieder aufnahmefähig. Mit der Reiki-Initiation erhalten Sie auch einen Schutz, sodass Sie selbst bei einer Behandlung nicht aus Ihrer eigenen Energie heraus arbeiten. Die Initiation in die Reiki-Kraft kann nur durch einen Reiki-Meister oder eine -Meisterin erfolgen.

Es setzt dann ein starkes Fließen der Reiki-Energie ein. Diese massive Energiezufuhr führt zu einem Reinigungsvorgang auf körperlicher, seelischer und geistiger Ebene. Ist der Reiki-Kanal einmal geöffnet, bleibt er es auch ein Leben lang – ganz unabhängig davon, wie oft Sie Reiki praktizieren.

Ein Vergleich aus dem Alltag

Die Fähigkeit, Reiki anzuwenden und mit Reiki sich selbst oder andere zu heilen, steckt in jedem Menschen. Um zu verdeutlichen, was während einer Reiki-Initiation passiert, möchte ich ein einfaches Beispiel aus der Alltagswelt heranziehen: Stellen Sie sich vor, Sie kaufen ein neues Fernsehgerät. Sie stellen es zu Hause auf, stecken den Stecker in die Buchse, und obwohl das Gerät neu und voll funktionsfähig ist, erscheint auf dem Bildschirm kein klares Bild, sondern nur Schneegestöber.

Erst muss ein Fernsehtechniker die Antenne richten. Dann können Sie das Gerät einschalten und den Kanal wählen. Der Empfang ist jetzt ungestört; das Bild auf dem Bildschirm erscheint einwandfrei.

Zehn Gründe für Reiki

1. Reiki ist einfach
Es bedarf keiner technischen Hilfsmittel, um Reiki einzusetzen. Sie brauchen nur Ihre Hände aufzulegen, und die Energie fließt.

2. Reiki ist leicht erlernbar
An einem Wochenende können Sie die Grundlagen von Reiki bereits erlernen. Der Aufbaukurs dauert zwei Tage.

3. Reiki bedarf keiner Vorkenntnisse
Um Reiki zu erlernen, brauchen Sie keine medizinischen Vorkenntnisse. Es ist für das Erlernen von Reiki auch nicht erforderlich, langjährige Vorübungen oder meditative Praktiken auszuüben.

4. Jeder kann Reiki erlernen
Es bedarf keiner besonderen Begabung, um Reiki auszuüben, lediglich die Bereitschaft, sich auf etwas Neues einzulassen. Reiki funktioniert unabhängig vom Alter und eignet sich für Jugendliche genauso wie für Senioren.

5. Reiki wirkt schnell
Schon eine einmalige Behandlung kann zu einer schnellen Linderung der Schmerzen und Symptome oder sogar zur Heilung führen.

6. Reiki ist praktisch
Ihre Hände haben Sie immer bei sich; Sie können sich selbst und auch anderen damit Gutes tun – ob in der Straßenbahn, auf dem Flugplatz oder vor dem Fernseher. Legen Sie einfach Ihre Hände auf.

7. Reiki geht nicht verloren
Einmal in die Reiki-Kraft eingeweiht, geht dieses Wissen nie mehr verloren, selbst wenn Reiki zeitweise bei Ihnen in Vergessenheit gerät.

8. Lernen durch Erfahrung
Im Wochenendseminar erlernen Sie die Grundlagen von Reiki, und durch die Initiation erhalten Sie die Kraft, sozusagen als Vorschuss. Das eigentliche Lernen aber geschieht durch das Sammeln Ihrer eigenen Erfahrungen in der Praxis und bei der Anwendung von Reiki.

9. Begleitung über den Kurs hinaus
Ihr Reiki-Meister oder Ihre -Meisterin bleibt während der Zeit der praktischen Erfahrungen und darüber hinaus bereit, Ihre Fragen zu beantworten. Er/sie bietet Treffen an, in denen Sie sich auch mit anderen Reiki-Praktizierenden treffen und dabei ihre Erfahrungen untereinander austauschen können.

10. Reiki gibt es überall
Sie brauchen nicht weit zu fahren. Mehr als 80000 Reiki-Meister gibt

es inzwischen allein in Deutschland. Die Zahl wächst ständig. So gibt es an nahezu allen Orten die Möglichkeit, Reiki zu erlernen.

Reiki in der Praxis

Reiki für Groß und Klein

Reiki könnte sich zur Volksheilkunst entwickeln – jeder kann es lernen, das Heilmittel ist immer zur Hand, und es gibt keine Nebenwirkungen. Mit Reiki können Sie sich täglich selbst behandeln. In Krisenzeiten und Momenten äußerer oder innerer Überforderung hilft Reiki jedem, wieder ins Lot zu kommen. Es hilft beim Abbauen von Stress und ist deshalb auch in Prüfungssituationen sehr hilfreich.

Reiki führt zu größerer Bewusstheit, stärkt Ihre Selbstheilungskräfte und unterstützt Ihr geistiges Wachstum. Mit Reiki werden Sie nicht unbedingt zur Heilerin oder zum Heiler. Sicher aber wird Reiki Ihre schlummernden Talente wecken und Ihre Kreativität im Beruf wie im Alltag fördern.

Reiki im Krankheitsfall
Reiki beugt Krankheiten vor und kann sie im Anfangsstadium abwenden. Es ist sehr wirkungsvoll bei stressbedingten Erkrankungen, wie z. B. Migräne, Herz-Kreislauf-Beschwerden, Magenleiden, Darmbeschwerden, Schlafstörungen, Ohrensausen etc. Sogar chronische Beschwerden lassen sich durch Reiki lindern. Sie können mit dieser Methode auch Kranke und Sterbende liebevoll begleiten.

Mütter können schon während der Schwangerschaft ihr Baby durch Auflegen der Hände auf dem Bauch mit Reiki versorgen. Da Reiki krampflösend wirkt, ist eine Reiki-Anwendung während der Entbindung durch den Vater, die Hebamme oder den Arzt für die Gebärende eine sehr gute Unterstützung.

Reiki hilft bei Verdauungsbeschwerden und auch bei Einschlafstörungen des Babys. Kinder lieben Reiki und haben einen sehr natürlichen Umgang mit der Energie. Es gibt übrigens auch Reiki-Kurse für Kinder.

Reiki für die Nahrung

Sicherlich werden auch Sie bei der Zubereitung Ihrer Nahrung darauf achten, frische und wertvolle Lebensmittel zu verwenden. Das Interesse an gesunden Nahrungsmitteln wächst gerade heute. Wir erkennen mehr und mehr den Zusammenhang zwischen guter Nahrung und Gesundheit und achten verstärkt darauf, dass die Mahlzeiten die wichtigsten Vitamine, Enzyme, Mineralstoffe und Spurenelemente enthalten. Diese Vitalstoffe sind biochemisch nachweisbar.

Vorbild Natur
Naturvölker, die abseits der Zivilisation leben, haben nicht die Möglichkeit, aus einem so vielfältigen Angebot, wie es uns in Großstädten zur Verfügung steht, ihre Nahrung auszuwählen. Sie leben von dem, was die Erde ihnen gerade schenkt. Sie müssen während der Trockenzeiten von ihren Vorräten leben. Das ist oft über viele Monate hinweg nur Getreide.

Nach unseren Kriterien ernähren sie sich also einseitig. Trotzdem sind sie vital und gesund. Das lässt darauf schließen, dass die Nahrung, die sie zu sich nehmen, sehr vitalstoffreich ist – und das bedeutet wesentlich nahrreicher und wertvoller.

Gesund und wild gewachsen
Wir wissen von Heilkräutern, dass sie am wirkungsvollsten sind, wenn sie ihren Standort selbst wählen, also wild wachsen. Das könnte auch für Feldgemüse und -früchte gelten; sie sind zumindest sehr viel schmackhafter als Anbausorten.

Unsere Nahrungsmittel werden auf dem Weg ihrer Produktion vielfach beeinflusst: in jüngster Zeit durch Genmanipulation, aber schon lange durch Herbizide zur chemischen Abtötung von Unkraut, durch Pestizide zur Schädlingsbekämpfung und durch Düngemittel. Um eine bessere Haltbarkeit zu gewährleisten, werden sie nach der Ernte einer chemischen und radiologischen Bakterien- wie Pilzbekämpfung unterzogen. Sie gewinnen dadurch an Aussehen, verlieren auf diesem Weg aber gleichzeitig ihre Vitalkraft.

Ein Getreidekorn, das nur kurze Zeit radioaktiv bestrahlt wird, bleibt in seiner chemischen Zusammensetzung unverändert, kann also immer noch als wertvolles Nahrungsmittel angesehen werden. Es hat jedoch seine Keimfähigkeit, seine Lebenskraft, verloren.

Das legt die Vermutung nahe, dass es noch einen Faktor geben muss, der jenseits der biochemisch messbaren Werte liegt. Dieser Faktor heißt Licht- oder Lebensenergie.

Nahrungsmittel mit Energie anreichern

Mit Reiki können wir unsere Nahrungsmittel wieder energetisch aufladen und damit ihre Vitalkraft erhöhen. Denn unsere käuflichen Nahrungsmittel sind heute vielfach keine wahren Lebensmittel mehr, insbesondere nicht, wenn sie industriell verarbeitet sind.

Halten Sie Ihre Hände ein paar Minuten über das Menü im Restaurant, oder nehmen Sie Obst und Gemüse, auch Fertigprodukte, z. B. Kekse, zwischen Ihre Hände, um sie energetisch aufzuladen.

- Die Nahrungsmittel werden ihren Geschmack verändern, besser schmecken. Dann waren es gute, aber um einen Teil ihrer Energie beraubte Lebensmittel.
- Es kann aber auch sein, dass sie nach dem Beschicken mit Reiki ungenießbar sind; dann zeigen sie auch ihr wahres Gesicht: Es waren minderwertige, nur chemisch in ihrem Äußeren erhaltene Lebensmittel.
- Für Getränke gilt das Gleiche. Probieren Sie es einmal aus bei einer Flasche Wein. Füllen Sie den Wein in zwei Gläser, und laden Sie einen davon mit Reiki auf. Ist es ein guter Wein, wird er veredelt, im anderen Fall kann er zu Essig werden. Wenn Sie Ihre Nahrung selbst zubereiten oder Ihr eigenes Brot backen, geben Sie ganz automatisch Reiki darauf. Es geschieht ohne Ihr bewusstes Zutun. Liebe geht durch den Magen, sagt der Volksmund.

Ein Beispiel aus der Praxis

Eine meiner Schülerinnen sorgte für eine gute Vitaminversorgung ihrer Familie, indem sie zum Mittagessen frisch gepresste Obst- und Gemüsesäfte reichte. Von Obstsaft waren ihre Kinder begeistert, bei Karottensaft rümpften sie die Nase und ließen ihn stehen, weil er ihnen zu sehr nach Erde schmeckte. Das nächste Mal gab meine Schülerin Reiki auf den Karottensaft, indem sie jedes Glas für ein paar Minuten in beide Hände nahm. Die Kinder lobten den sahnigen, bananigen Geschmack des mit Energie veredelten Karottensafts. Es mag zunächst seltsam anmuten, Energie durch die Hände an Nahrungsmittel weiterzuleiten. Doch es ist wirkungsvoll, wie ich aus eigener Erfahrung weiß.

Reiki für Tiere

Tiere lieben Reiki. Insbesondere Katzen, die ein gutes Gespür für Energie haben, holen sich ihre tägliche Reiki-Portion ab. Katzen liegen ganz ruhig, wenn Reiki fließt. Sie spüren auch sehr gut, wenn sie genug haben und springen dann vom Schoß. Haben Sie übrigens schon einmal beobachtet, dass Katzen im Haus immer auf energiestarken Plätzen liegen?

Erfahrungen
Reiki kann für Tiere genauso wie für Menschen eingesetzt werden, und oftmals erspart es den Tierarzt. Ich habe selbst keine Tiere und trotzdem einige gute Erfahrungen in der Tierbehandlung gemacht, die ich an Sie weitergeben möchte.
- Ich lebte auf einem Aussiedlerhof nahe am Wald. Viele Vögel gab es dort. Immer wieder fielen kleine Vögel aus dem Nest, oder es flogen Vögel gegen die Fensterscheiben und verletzten sich. Ich nahm die verletzten Vögel in meine Hände und gab ihnen Reiki. Nach ein paar Minuten konnten sie meistens wegfliegen.

- Kürzlich saß ich im Garten, und Schmetterlinge landeten immer wieder auf meinen Händen, tankten eine Weile Energie und flogen anschließend davon.
- Der Hund auf dem Hof, auf dem ich lebte, ließ mich nicht vorbei, ohne dass ich ihm ein paar Minuten meine Hand auf den Kopf legte.
- Auf dem Hof habe ich auch ein Pferd behandelt. Eine 13-jährige Stute hatte sich am Bein stark verletzt und musste genäht werden. Ich gab ihr täglich Reiki. Sie kam mir auf der Koppel entgegen, wenn sie mich sah, obwohl ich mit ihr vorher kaum Berührung hatte. Als die Tierärztin nach einer Woche den Verband wechselte, staunte sie. Sie hatte mit einer Infektion gerechnet, aber die Wunde war geheilt. In England arbeiten Ärzte und Reiki-Heiler bereits in gemeinsamen Praxen zusammen. Sie sehen, Schulmedizin und alternative Heilverfahren aus anderen Kulturen ergänzen sich sinnvoll.

Reiki für Pflanzen

Pflanzen sind ein besonders einträgliches Experimentierfeld. Pflanzen sind Lebewesen und reagieren sehr schnell auf Reiki. Die meisten Erkrankungen bei Pflanzen entstehen im Wurzelbereich – durch Übergießen oder Überdüngen oder Austrocknen – und Parasitenbefall ist oft erst eine Folge davon.

Probieren Sie es einmal aus! Nehmen Sie den Topf Ihrer kranken Zimmerpflanze ca. fünf Minuten lang zwischen die Hände; das ist eine energetische Wurzelbehandlung. Nach einer viertägigen Behandlung wird Ihre Pflanze mit neuem Leben erfüllt sein. Sie können es an den neuen Trieben sehen. Gartenpflanzen und junge Bäume können Sie auf die gleiche Weise beim Anwachsen unterstützen.

Reiki für die Aussaat
Halten Sie den Samen, bevor Sie ihn in die Erde oder in Ihr Keimgerät legen, einige Minuten zwischen Ihren Händen. Sie können die Keimzeit dadurch auf mehr als die Hälfte herabsetzen.

Reiki für unbelebte Materie

- Edelsteine sind selbstlose Helferwesen. Sie speichern Informationen und Energien und geben sie an ihre Träger ab. Schon nach dem Besuch des Grundkurses können Sie mit dem ersten Reiki-Grad die Kraft der Edelsteine verstärken, indem Sie sie zwischen Ihre Hände nehmen. Auch als Schmuck verarbeitete Steine lassen sich energetisch aufladen.
- Ihre ätherischen Öle und Ihre Medizin können Sie durch Reiki energetisieren bzw. verstärken. Sprechen Sie sich vor der Energetisierung Ihrer Medizin mit Ihrem Arzt oder Heilpraktiker ab, denn möglicherweise verändert bzw. verringert sich die Dosis.
- Sie können Ihre Autobatterie bei Bedarf so weit wieder aufladen, dass Ihr Wagen startet, indem Sie einfach die Hände darüber halten. Das habe selbst ich erst nach eigenen Versuchen geglaubt.
- Sie können auch Ihren Briefen Reiki mitgeben, d. h., Sie packen eine Extraportion Liebe mit ein, bevor Sie sie auf den Weg bringen. Damit tun Sie auf einfache Art lieben Freunden oder Familienmitgliedern in der Ferne etwas Gutes.

Reiki und andere Heilverfahren

Wie ersichtlich geworden sein sollte, ist Reiki für alle Menschen in vielen Alltagssituationen anwendbar. Reiki steht nicht im Widerspruch zu altbekannten oder alternativen Heilverfahren – auch nicht zur Schulmedizin.

Es ergänzt und unterstützt andere Behandlungsarten auf wirkungsvolle Weise. Reiki wird daher von immer mehr Ärzten, Heilkundigen und Therapeuten in das Behandlungsprogramm miteinbezogen. In einigen Heilpraktikerschulen gehört Reiki zur Fortbildung. In England arbeiten Ärzte und Reiki-Heiler bereits in gemeinsamen Praxen zusammen. Sie sehen, Schulmedizin und alternative Heilverfahren aus anderen Kulturen ergänzen sich sinnvoll.

Reiki als Unterstützung

Reiki unterstützt jede Art von Körpertherapie, bei der die Hände eingesetzt werden. So können z. B. Physiotherapeuten, Masseure, Krankenschwestern und Hebammen während ihrer Behandlungen Reiki durch ihre Hände fließen lassen. Es ist eine Energie, die ihnen zusätzlich zur Verfügung steht und die die Heilung ihrer Patienten fördert. Reiki wird hier zum Verstärker der eigentlichen Therapie.

Reiki heilt natürlicher

- Bei chronischen Leiden und in der Schmerztherapie kann durch Reiki eine Herabsetzung der medikamentösen Dosis erreicht werden. Auf diesem Gebiet stehen noch viele Möglichkeiten offen, starke Medikamente und hohe Dosierungen zu vermeiden.
- Wer regelmäßig Tabletten einnehmen muss – z. B. Diabetiker –, sollte am besten schon vor dem Besuch eines Reiki-Grundkurses mit seinem Arzt sprechen. Es ist nicht unwahrscheinlich, dass nach dem Erlernen von Reiki die Medikamentengabe neu eingestellt werden muss – und zwar deutlich niedriger!
- Bei Brandwunden, offenen Verletzungen und nach Operationen können Sie mit Reiki die Heilung vorantreiben und Schmerzen lindern, indem Sie direkt oder indirekt Hand auflegen. Wenn die Verletzungen oder Berührungsschmerzen einen Hautkontakt verbieten, halten Sie Ihre Hände einige Zentimeter über die zu behandelnden Stellen. Reiki gelangt auch so ans Ziel.
- Auch in so genannten aussichtslosen Fällen wie bei Schwerstkranken oder Sterbenden ist Reiki sinnvoll. Reiki lindert die Schmerzen. Die liebevolle Berührung und die mitmenschliche Nähe können helfen, den schweren Weg anzunehmen und bewusst zu gehen. Reiki kann nicht schwere Krankheiten heilen, aber helfen, ihren Sinn zu verstehen.

Das Besondere an Reiki

Die Grundkenntnisse von Reiki sind in wenigen Tagen erlernbar; Sie benötigen keine zeitraubend lange Ausbildung. Schon nach einem Wochenende sind Sie in der Lage, sich selbst und andere mit Reiki zu behandeln. Damit sind Sie unabhängig.

Reiki ist in nahezu allen Lebensbereichen und -situationen eine wertvolle Unterstützung; die Methode ist an jedem Ort durchführbar. Sie benötigen keine Hilfsmittel.

- Reiki können Sie – einmal erlernt – nicht mehr verlernen oder verlieren.
- Ist der Reiki-Kanal geöffnet, bleibt er es lebenslang.
- Bei Reiki gibt es Einweihungen: Zu drei der vier Reiki-Grade gehören Initiationen. Sie sind wesentlicher Bestandteil der Seminare und ermöglichen erst eine Anwendung von Reiki. Die Einweihungen sind zudem ein wirksamer Schutz für das eigene Energiesystem. Bei Reiki arbeiten Sie mit der Universalen Lebensenergie, während Ihre eigene unangetastet bleibt. Das ist besonders interessant für alle Menschen, die in helfenden Berufen arbeiten.

Wo können Sie Reiki lernen?

Die im ersten Kapitel vorgeschlagenen Übungen zum Handauflegen können Sie so nutzen wie die weiter hinten im Buch gezeigten Reiki-Handpositionen. Das aber ist noch nicht das eigentliche Reiki.

Die Reiki-Energie ist ungleich stärker und intensiver in ihrer Wirkung. Das wird immer wieder von den Empfangenden bei einer Behandlung erlebt. Ist die Reiki-Kraft einmal aktiviert, genügt es schon, Reiki zu denken, und die Energie »schießt« in die Hände.

Reiki kennenlernen

Die meisten Reiki-Lehrer bieten Austauschtreffen an, bei denen auch Gäste willkommen sind. Das ist eine gute Möglichkeit, Leute und Atmosphäre kennen zu lernen und vielleicht eine erste Reiki-Behandlung zu bekommen. Um mehr Sicherheit zu gewinnen, können Sie auch mit Ihrem Lehrer oder Ihrer Lehrerin zunächst eine oder mehrere Einzelsitzungen vereinbaren. So lernen Sie Reiki kennen.

Erst nach der Initiation durch einen Reiki-Meister oder eine -Meisterin wird das Handauflegen zu einer wirklichen Reiki-Behandlung.

Grundkurs

Reiki-Grundseminare gibt es in nahezu allen größeren Orten. Doch wie finden Sie Ihren Reiki-Lehrer? Vielleicht auf ähnliche Weise, wie Sie das gute Restaurant, die gute Friseurin fanden: Fragen Sie Ihre Freunde.

Sie werden staunen, wie viele Menschen Erfahrungen mit Reiki haben, von denen Sie es nicht erwartet hatten. Sollte eine solche Möglichkeit für Sie nicht bestehen, können Sie in esoterischen Buch- oder Steinläden und in Ökogeschäften nachfragen oder in esoterischen Zeitschriften auf die Anzeigen achten. Auch das Internet ist hierfür eine gute Informationsquelle.

Die Energie wirkt immer!

Die Reiki-Energie ist immer die gleiche, und das Einweihungsritual ist in jedem Fall wirksam, unabhängig davon, wer es ausführt und wo es geschieht. Die Energie ist rein und unbeeinflussbar.

Die Art und Weise, in der das Wissen vermittelt wird, ist durch den persönlichen und beruflichen Hintergrund der Reiki-Lehrer geprägt. Ich benutze beispielsweise in meinen Seminaren den Tanz und im zweiten Grad die Arbeit mit Edelsteinen.

Es ist auch möglich, die Arbeit mit Blütenessenzen, ätherischen Ölen oder Farbfolien zu verbinden. Hier entscheiden persönliche Kenntnisse, Erfahrungen und Vorlieben des jeweiligen Reiki-Lehrers. Das alles sind Ergänzungen, aber nicht Voraussetzungen, um Reiki zu erlernen.

Reiki-Meister

Noch ein paar Worte zum Meisterstatus. Die Bezeichnung »Reiki-Meister« ist nicht gleichzusetzen mit der eines erleuchteten Meisters, wie sie in fernöstlichen Lehren verstanden wird.

Wie die Praktizierenden des ersten und zweiten Reiki-Grades ist auch ein Reiki-Meister lediglich Kanal für die Reiki-Kraft – nur auf einer anderen Stufe des Erkennens und Lernens. Es ist die Energie selbst, die die Lernmöglichkeiten im Menschen hervorbringt.

Aufgabe der Lehrer ist es, ihre Schüler auf ihrem Weg zu begleiten und zu unterstützen und schrittweise in deren eigene Autonomie zu entlassen. Daher ist es wichtig, dass der Kontakt zwischen Lehrer und Schüler stimmt und ein leichter Austausch möglich ist.

Reiki-Organisationen

Getragen von dem Wunsch nach gegenseitiger Unterstützung und dem Bedürfnis nach Austausch schlossen sich einige Reiki-Meister nach dem Tode der ersten Großmeisterin Hawayo Takata zu Organisationen zusammen. Zielsetzung der Vereinigungen war die Pflege der Tradition sowie die Reinerhaltung der Lehre, Prinzipien und Struktur von Reiki und die Verbindlichkeit gemeinsamer Preisabsprachen.

Nach der Freigabe der Reiki-Meisterausbildung fanden nochmals einige Zusammenschlüsse von Reiki-Meistern statt. Die größte Zahl der heute praktizierenden Reiki-Meister gehört keiner Vereinigung mehr an. Das sagt nichts über ihre Qualifikation aus.

Die Seminargebühren

Zu Hawayo Takatas Lehre gehörten verbindliche Preise für die Seminargebühren: »Für den ersten Grad verlange einen Wochenlohn, für den zweiten einen Monatslohn, für den Meister einen Jahreslohn.« Die Gemeinschaft der Takato folgenden Meister legte zur Vereinfachung dieses Prinzips nach ihrem Tod folgende Preise fest:

- Erster Grad   175 €
- Zweiter Grad   600 €
- Meister   10 000 €

Diese in den 80er Jahren des letzten Jahrhunderts relativ hohen Seminargebühren sollten deutlich machen, dass Reiki mehr ist als ein Selbsterfahrungswochenende. Reiki als spirituelle Disziplin sollte auch über den Preis erkennbar werden, sollte Menschen anziehen, die bereit waren, einen angemessenen Wertausgleich für »das Geschenk von Reiki« zu zahlen. Nach der geradezu explosionsartigen Ausbreitung von Reiki in den 90er Jahren sind die Seminargebühren den allgemeinen Marktgesetzen von Angebot und Nachfrage gefolgt. Die wachsende Anzahl von Reiki-Meistern hat einige dazu bewogen, die Preise zu senken, was zu einer noch größeren Zahl von Meistern führte.

Niedrigere Preise haben nicht immer Auswirkung auf Form und Inhalt der Seminare, die von einigen Reiki-Meistern eigenmächtig verändert wurden, so wie hohe Preise andererseits keine Qualitätsgarantie darstellen. Nach dem Tode von Frau Takata wurde ihre Enkelin Phyllis Lei Furumoto von der Gemeinschaft der Meister zur Großmeisterin ernannt. Sie hat Anfang der 90er Jahre die Prinzipien und Aspekte des Usui-Systems der natürlichen Heilung neu definiert, zu denen auch die Preisabsprachen gehörten. Auf weltweiten Meistertrainings rief sie zu Vereinheitlichung und Klarheit der Lehre auf, konnte aber nur eine geringe Anzahl der Meister erreichen. Die meisten Reiki-Meister arbeiten als freie Reiki-Meister.

Die Preise der freien Reiki-Meister sind meist niedriger, in seltenen Fällen aber auch höher als die der organisierten Reiki-Meister.

Bei den Meister-Lehrer-Ausbildungen sind nicht nur die Preise, sondern auch die Leistungsunterschiede gravierend. So kann die Ausbildung sich z. B. über ein Jahr erstrecken, Seminar-Assistenz und Supervision beinhalten oder in den preisgünstigeren Kategorien an einem Wochenende oder gar an einem Tag erfolgen. Orientieren Sie sich bei der Anmeldung zu einem Reiki-Seminar nicht allein an den Gebühren, sondern informieren Sie sich auch über Form und Inhalt der Ausbildung.

Erfahrungsgemäß werden die Lehrer und Schüler zusammenfinden, die das gegenseitige Lernen unterstützen.

Reiki als Beruf

Bis zu Beginn des neuen Jahrtausends war das Heilen allein niedergelassenen Ärzten, Heilpraktikern und Psychotherapeuten, also medizinisch ausgebildeten Heilberufen, vorbehalten. Wer beispielsweise eine Reiki-Praxis eröffnen wollte, musste zuvor die Heilpraktikerprüfung abgelegt haben.

Ein Heiler aus Schleswig-Holstein hat sich für sein Recht, ohne medizinische Fachausbildung heilen zu dürfen, durch alle Instanzen gekämpft. Das Bundesverfassungsgericht hat als höchste Instanz seine Beschwerde angenommen und am 2. März 2004 entschieden, dass die Aktivierung der Selbstheilungskräfte der Patienten durch Handauflegen eher eine spirituelle, religiöse oder rituelle Handlung sei, die sich auch dadurch auszeichne, dass anders als beim Arzt und Heilpraktiker, vom Behandler keine Diagnose gestellt oder medizinische Hilfsmittel oder Tinkturen verordnet würden. Damit wird der Heiler in medizinischer Sicht eher in den Bereich eines Seelsorgers gerückt. Er muss die Kranken vor der Behandlung ausdrücklich darauf hinweisen, dass er eine ärztliche Behandlung nicht ersetzt. Das kann durch Aushang in seiner Praxis oder durch Aushändigung eines entsprechenden Merkblattes geschehen.

In seiner Begründung führt das Bundesverfassungsgericht unter anderem aus, dass es unangemessen sei, vom Heiler das Ablegen einer Heilpraktikerprüfung zu fordern, da eine solche Prüfung mit der Tätigkeit, die der Heiler auszuüben beabsichtige, kaum noch in einem erkennbaren Zusammenhang stehe. Die in der Heilpraktiker-Prüfung geforderten Kenntnisse in Anatomie, Physiologie, Pathologie sowie in Diagnostik und Therapie könne er sämtlich bei seiner Berufstätigkeit nicht verwerten.

Die Entscheidung des Bundesverfassungsgerichtes kann im Internet unter
www.bverfg.de/entscheidungen/rk20040302_1bvr=78403.html
eingesehen werden.

Reiki-Behandler erfüllen die Kriterien des Geistigen Heilens, denn sie

- behandeln Menschen und nicht Krankheiten,
- aktivieren die Selbstheilungskräfte der Patienten durch Handauflegen,
- geben keine Heilversprechen,
- weisen die Patienten darauf hin, dass eine Behandlung den Besuch bei einem Arzt oder Heilpraktiker nicht ersetzt,
- stellen keine Diagnose, auch nicht im feinstofflichen Bereich,

Was ist Reiki?

- verabreichen keine Medizin oder sonstige medizinische Heilmittel,
- werben nicht mit ihren Heilerfolgen, denn sie verstehen sich als Kanal für die göttliche Energie, die im Patienten die Heilung bewirkt.

Ihre Berufsbezeichnung ist Reiki-Heiler nach alter asiatischer Methode.
Reiki-Heilern, die beabsichtigen, eine eigene Praxis zu eröffnen, empfehle ich, sich an den Dachverband Geistiges Heilen e.V. in Heidelberg zu wenden und sich auf dessen Internetseite http://www.dgh-ev.de (vor allem unter der Rubrik »Antworten auf Fragen«) zu informieren.

Wo können Sie Reiki lernen?

Drüsensystem

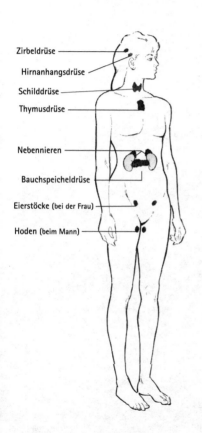

Lage der Chakras

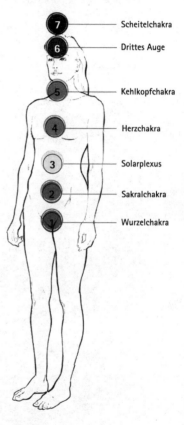

Das Drüsensystem im menschlichen Körper ist eng mit den Chakras verbunden, denn jedem der sieben Hauptchakras ist eine Drüse zugeordnet, die über das Chakra beeinflusst werden kann.

Sieben Hauptchakras verteilen sich auf der Körpervorderseite vom Unterleib bis zum Scheitel auf dem Kopf. Ist der Körper gesund, fließt die Energie frei durch alle Chakras.

Die Tradition von Reiki

Gegen Ende des 19. Jahrhunderts wurde das Reiki-Wissen in Japan wieder entdeckt. Wie man sich an den Strom der universalen Lebensenergie anschließt, wird seitdem ausschließlich von eingeweihten Reiki-Meistern und Reiki-Lehrern vermittelt. Sie reihen sich damit in eine Linie von Reiki-Meistern ein, die sich bis zu Dr. Mikao Usui aus Kyoto, Japan, zurückverfolgen lässt.

Dr. Usui – eine Legende

Die Geschichte von Dr. Usui ist Bestandteil der Lehre und wird den Schülern beim ersten Grundkurs erzählt. Bis in die 90er Jahre galt die Geschichte als historische Überlieferung. Der deutsche Reiki-Meister Frank Petter, mit einer Japanerin verheiratet, untersuchte den historischen Warheitsgehalt dieser Geschichte, besuchte die Plätze in Japan und befragte Mitglieder der Familie und Reiki-Meister in Japan. Die in einem Buch veröffentlichten Ergebnisse erschütterten die Reiki-Welt. Die immer mündlich weitergegebene Geschichte hatte sich im Laufe der Zeit zum Teil erheblich von den historischen Daten entfernt. Die »Legende von Dr. Usui« ist so, wie sie nachfolgend wiedergegeben ist, eher eine Meistergeschichte, die mit ihren Stationen den Schüler auf seinem Weg unterstützt. Das habe ich selbst und auch in meinen Kursen immer wieder erfahren. Darum gebe ich sie so weiter, wie ich sie von meiner Reiki-Meisterin Ulla im Sommer 1989 erhielt.

Der Anstoß zur Suche

Dr. Mikao Usui verdanken wir die Wiederentdeckung des Reiki-Heilwissens. Er war Ende des 19. Jahrhundrts Leiter einer christlichen Priesterschule in Kyoto, Japan. Eines Tages fragten ihn seine Studenten: »Dr. Usui, glauben Sie an die Wunderheilungen Jesu, von denen in der Bibel berichtet ist?« Dr. Usui bejahte das, und seine Studenten forderten: »Dann sagen Sie uns, wie Jesus geheilt hat oder, noch besser, führen Sie uns das mal vor.« Dr. Usui sagte: »Ich bin ein gläubiger Christ und habe sehr gründlich die Bibel studiert, aber das hat man mir nicht beigebracht.« »Uns genügt dieses blinde Vertrauen nicht, wir wollen nicht nur Worte hören, sondern Taten sehen«, antworteten seine Studenten. Dr. Usui war sehr betroffen, weil er ihre Fragen nicht beantworten konnte.

Ein entscheidender Lebenseinschnitt

Noch am selben Tag beschloss er, seine Lehrtätigkeit aufzugeben, um sich der Erforschung dieser Frage zu widmen. Sieben Jahre lang war Dr. Usui zunächst in Amerika und dann in Asien unterwegs, um die Fähigkeit des Heilens wiederzufinden.
- Seine Suche führte ihn zunächst in die westliche Welt, wo er an der Universität von Chicago den Ehrendoktortitel für seine Forschungsarbeit erhielt.
- Auch in verschiedenen christlichen und buddhistischen Klöstern forschte er nach dem alten Heilwissen. Er erhielt Zutritt zu den Bibliotheken der Klöster in seiner Heimat, erlernte Chinesisch und Sanskrit, eine altindische Sprache, und studierte – mit diesem Wissen ausgestattet – die alten Schriften.
- In einem buddhistischen Zen-Kloster in Kyoto, in dem er zu jener Zeit lebte, übersetzte er die 2500 Jahre alten Sutren. Dort fand er im Lotus-Sutra Symbole und Mantras, nach denen in der Vergangenheit schon Buddha geheilt hatte.

Erkenntnis in der Einsamkeit suchen

Die Schlüssel hatte er jetzt gefunden, aber die Fähigkeit des Heilens besaß er noch nicht. Er wusste, dass er durch Lesen und Forschen allein nicht mehr weiterkommen würde, und beschloss, in die Stille zu gehen, damit sich ihm das Geheimnis offenbaren könne.

Er zog sich für drei Wochen auf den Berg Kurama-Yama zurück, wo er fastete und meditierte. Sein Entschluss stand fest: Wenn er nach dieser Zeit das Geheimnis des Heilens nicht gefunden hätte, wollte er seine Suche aufgeben.

21 Steine hatte er in einer Reihe vor sich ausgelegt, und jeden Tag, wenn die Sonne aufging, entfernte er einen. Der letzte Tag war angebrochen. »So soll es mir wohl nicht geschenkt werden«, dachte Dr. Usui und beschloss, am nächsten Tag zurückzukehren und seine Lehrtätigkeit wieder aufzunehmen.

Das Einweihungserlebnis

Er wachte die Nacht hindurch, und am Morgen, in der dunklen Stunde vor Sonnenaufgang, sah er am Himmel ein strahlendes Licht, das sich sehr schnell auf ihn zubewegte und ihn in der Mitte seiner Stirn traf. Dr. Usui wurde zu Boden geworfen. Dann sah er am Himmel Millionen von Bläschen in den schillernden Farben des Regenbogens und in goldenen Lettern die Symbole, die er in den Schriften gefunden hatte. »Ja«, sagte er, »ja, ich erkenne sie.«

Die Sonne stand schon hoch am Himmel, als Dr. Usui endlich aus seiner Trance erwachte. Freudig stand er auf und ging eiligen Schrittes den Berg hinunter. Er stieß mit seinem Fuß an einen Stein, und sein Zeh blutete. Dr. Usui legte seine Hand auf den Zeh und augenblicklich schloss sich die Wunde. In einem Gasthaus am Fuß des Berges bestellte er ein üppiges Frühstück, und obwohl er drei Wochen gefastet hatte, verursachte es ihm keine Beschwerden. Dr. Usui fühlte sich voller Kraft und Vitalität. Das Handauflegen musste nicht erfunden werden; doch Dr. Usui musste es als eigenständige Heilmethode wiederentdecken und die starke Kraft der Symbole am eigenen Leib erfahren.

Das alte Heilwissen wird wiedergefunden

Die Enkeltochter des Wirtes hatte eine dicke Wange, weil ein Zahn entzündet war. Sie trat an Dr. Usui heran, und er legte ihr seine Hand auf. Der Schmerz in der Wange der jungen Frau ließ fast augenblicklich nach, und selbst die Schwellung verschwand. Das war das dritte Zeichen. Dr. Usui wusste nun mit absoluter Gewissheit, dass ihm die Fähigkeit des Heilens geschenkt worden war. Damit war das alte Heilwissen wiedergefunden. Dr. Usui gab ihm den Namen »Reiki«.

Mit Reiki helfen

Dr. Usui kehrte zunächst ins Kloster zurück, beschloss dann aber, seine Fähigkeit zu heilen in den Dienst der Nächsten zu stellen. Als Bettler verkleidet behandelte er in den Slums von Kyoto sieben Jahre lang

Die Tradition von Reiki

die Ärmsten und Hilfsbedürftigsten der Stadt, um sie in ein Leben der Freude und Gesundheit zurückzuführen.

Als er jedoch eines Tages die gleichen Menschen wieder bettelnd am Straßenrand sah, erschrak er. »Warum sitzt ihr hier?« fragte er. »Habe ich euch nicht gelehrt, eurem Leben einen Sinn zu geben?« »Das Arbeiten war uns zu mühsam«, antworteten die Bettler.

Dr. Usui erkannte, dass er in seinem Bemühen, ihnen mit Reiki zu helfen, seine Kraft vergeudet hatte. Diese Menschen waren daran gewöhnt, vom Betteln zu leben. Er hatte etwas Wichtiges vergessen, nämlich sie Dankbarkeit zu lehren. Ihnen fehlte es an Wertschätzung für sich selbst und damit auch die Bereitschaft, Verantwortung für ihr Leben zu übernehmen.

Dr. Usui verließ die Slums von Kyoto, reiste die nächsten Jahre im Land umher, hielt Vorträge, lehrte Reiki und weihte Menschen in diese Heilkunst ein. Er stellte aufgrund der Erfahrungen mit den Bettlern die noch heute gültigen Reiki-Lebensregeln auf.

»Gerade heute
sei nicht ärgerlich.
Gerade heute
sorge dich nicht.
Ehre deine Lehrer, Eltern
und die Älteren.
Verdiene dein Brot ehrlich.
Sei dankbar
gegenüber allem was lebt.«

Dr. Mikao Usui

Die Tradition der Meister

Die Reiki-Heilmethode, die nach ihrem Wiederentdecker auch den Namen »Das Usui-System der natürlichen Heilung« trägt, kommt aus Japan, einem Land, in dem auch heute noch die Tradition eine tragende Säule des Lebens bildet und die zwischenmenschliche Gemeinschaft trägt.

So wurde mit dem System auch das Bewusstsein für die Tradition dieser Heilmethode weitergegeben, und für viele Reiki-Meister ist es sehr wichtig, in ihrer Ausbildung die direkte Linie zu Dr. Usui nachzuweisen.

Dr. Chujiro Hayashi

Der pensionierte Marineoffizier strukturierte und systematisierte Reiki als Heilverfahren, und er kannte Dr. Usui noch persönlich. Er war nach neuesten Recherchen aber nicht der Nachfolger von Dr. Usui, sondern nur einer von mehreren Reiki-Lehrern. Die Nachfolge ging an einen Herrn Ushida. Dr. Hayashi errichtete zwei private Reiki-Kliniken, eine in Tokio und eine in Kyoto. Reiki-Behandler arbeiteten dort rund um die Uhr. Dr. Hayashi besaß hellseherische Fähigkeiten. So sah er den Angriff der Vereinigten Staaten von Amerika und die Verwicklung Japans in den Zweiten Weltkrieg voraus.

Hawayo Takata

Die auf Hawaii lebende Amerikanerin japanischer Herkunft, Hawayo Takata, machte Reiki in der westlichen Welt bekannt, bis sie 1980 starb. Sie war 35 Jahre alt, als sie den Nutzen von Reiki kennen lernte.

Gesund dank Reiki
Frau Takata kam mit Reiki aufgrund ihrer fragilen Gesundheit in Kontakt. Sie hatte einen Tumor, Gallensteine und eine Blinddarmentzündung und ging nach Japan, um sich operieren zu lassen. Da sie aber auch ein schwaches Herz besaß und zudem unter Asthma litt, war eine Operation nicht risikolos. Bereits im Operationssaal, hörte sie dreimal hintereinander eine Stimme, die sagte: »Es ist nicht nötig, zu operieren.« Und dann noch: »Fragen Sie nach anderen Möglichkeiten.« Frau Takata verließ unter Protest des Arztes und des Pflegepersonals den Operationstisch. Sie begab sich in die Reiki-Klinik von Dr. Hayashi und war in vier Wochen von all ihren Leiden geheilt.

Der Wunsch, selbst zu heilen
Im Anschluss an diese sensationelle Erfahrung wuchs in ihr der brennende Wunsch, Reiki zu lernen. Dr. Hayashi, der der Meinung war, dass die Reiki-Heilmethode nur Japanern zugänglich sein sollte, gab nur zögernd ihrem heftigen Drängen nach und bildete sie aus.

Es entwickelte sich eine langjährige Freundschaft zwischen den beiden, und bevor Dr. Hayashi 1941 starb, weihte er Frau Takata als Meisterin ein und übergab ihr das Erbe von Reiki. Frau Takata kehrte als Großmeisterin des Usui-Systems nach Hawaii zurück, und für den Rest ihres Lebens bildete sie Reiki-Praktizierende aus und heilte Menschen, die bei ihr Hilfe suchten. Bis zu ihrem Tod im Dezember 1980 bildete Frau Takata in den Vereinigten Staaten und Kanada insgesamt 22 Reiki-Meister und -Meisterinnen aus.

Von Japan über eine auf Hawaii lebende Amerikanerin in die gesamte östliche und westliche Welt: Das ist der schnelle, aber lange Weg, den Reiki seit dem Ende des letzten Jahrhunderts gegangen ist.

Phyllis Lei Furumoto

Die Enkelin von Hawayo Takata ist jetzt Großmeisterin des »Usui-Systems«. Sie wurde nach dem Tod von Frau Takata aus dem Kreis der von ihr ausgebildeten Meister zu ihrer Nachfolgerin gewählt. Zunächst war sie allein bevollmächtigt, Reiki-Meister und -Meisterinnen auszubilden.

Die Zahl der Reiki-Praktizierenden und auch der Reiki-Meister wuchs in den folgenden Jahren jedoch sehr schnell. Deshalb entschied sich die Großmeisterin Phyllis Lei Furumoto im Jahr 1988, die Reiki-Meister-Einweihung freizugeben. Heute kann jeder Reiki-Meister, der über einige Jahre Erfahrung verfügt und bereit ist, die Verantwortung zu übernehmen, selbst Reiki-Meister ausbilden. Damit war der Grundstein für die weltweite Verbreitung von Reiki gelegt.

Phyllis Lei Furumoto veranstaltet Master-Trainings in allen Teilen der Welt.

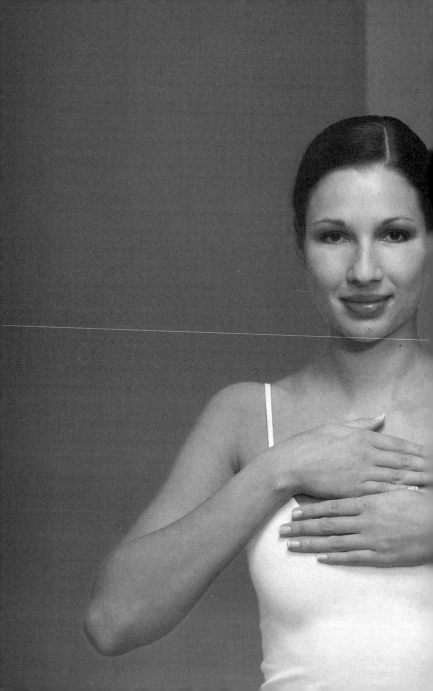

Reiki in der Praxis

Insgesamt vier Stufen, die Reiki-Grade genannt werden, umfasst die Ausbildung vom Reiki-Schüler bis zum Meister und Lehrenden. Sie bekommen in diesem Buch einen Überblick über die Ausbildung. Als Nicht-Eingeweihter erfahren Sie jedoch nicht alle Einzelheiten. Besuchen Sie einen Reiki-Grundkurs, um die Handpositionen in ihrer Wirkung ganz praxisnah kennen zu lernen und um Übung zu bekommen.

Vier Reiki-Grade auf einen Blick

Der erste Reiki-Grad

Der erste Reiki-Grad entspricht, verglichen mit dem Meisterweg traditioneller Handwerker, der Lehrzeit. Es geht hier um die körperliche Ebene der Heilung und um die ganz alltägliche Anwendung von Reiki als Lebenshilfe. Durch die vier Einweihungen werden die oberen vier Chakras – das Scheitelchakra, das Dritte Auge, das Kehlkopfchakra und das Herzchakra – gereinigt.

Die Lehrzeit, die für Frau Takata ein Jahr täglichen Übens betrug, sollte auch heute noch mindestens drei Monate dauern. Nutzen Sie diese Zeit! Reiki ist keine Theorie, die Sie in einzelnen Kursen erlernen können. Reiki setzt Ihre Bereitschaft voraus, in ständiger Übung und Praxis die eigenen Entwicklungsschritte zu leisten. Die universelle Lebensenergie wird Ihr Wachstum unterstützen.

Der zweite Reiki-Grad

Der zweite Grad entspricht der Gesellenzeit im Handwerk. Das Instrumentarium wird nun erweitert: Mit den heiligen Symbolen eröffnet sich den Reiki-Praktizierenden die Möglichkeit, Fern- und Mentalbehandlungen auszuführen und damit auf der geistigen Ebene wirksam zu werden. Die Intuition wird verstärkt.

Die Einweihung des zweiten Reiki-Grades wirkt reinigend und öffnend auf das zweite und dritte Chakra: das Solarplexus- und das Sakralchakra. Zwischen zweitem Grad und dem Beginn der Ausbildung zum dritten Grad sollte mindestens ein Jahr der Reifezeit liegen.

Der dritte Reiki-Grad

Der dritte Grad ist der Meistergrad. Ein weiterer Schlüssel hilft den Lernenden auf ihrem Weg zur Meisterschaft des Herzens. Es ist der Weg, schöpferisch in der Welt tätig zu sein und zugleich der großen Kraft zu dienen. Die Balance zwischen aktivem Wirksamwerden und passivem Geschehenlassen finden Sie in der Demut des Herzens.

Der dritte Grad betrifft die seelische Ebene. Bei dieser Einweihung wird das Wurzelchakra (das erste Chakra), gereinigt und geöffnet.

Der vierte Reiki-Grad

Der vierte Grad ist die Ausbildung zum Reiki-Lehrer. Zum Lehrergrad gehört keine Einweihung, die letzte Einweihung erfahren Sie als Meister. Auch bei den traditionellen Handwerksberufen wird schließlich nicht jeder Meister zugleich Lehrer.

Lehrer wird, wer sich zum Lehren berufen fühlt. Ein Mensch, der interessiert daran ist, das Wissen, das aus seinen Erfahrungen gewachsen ist, weiterzugeben. Zum Lehrer gehört auch die Fähigkeit, auf viele unterschiedliche Menschen einzugehen und sie auf ihrem Weg zu unterstützen. Der zukünftige Lehrer erhält im Verlauf des vierten Grades das ganze Wissen des ihn ausbildenden Lehrers, und er erlernt die Techniken der Einweihungsrituale.

Der Reiki-Behandler als Energiekanal

Wie ein Kanal zwischen Meer und Fluss Bindeglied zwischen beiden ist, so ist ein Reiki-Praktizierender Kanal der Energie, die durch ihn in den Behandelten einfließt. Er ermöglicht den Fluss der universalen Energie in den einzelnen Empfänger. Der Reiki-Praktizierende macht die Verbindung erst möglich, beeinflusst sie aber nicht. Als Kanal ist er neutral. Er gibt stets nur die göttliche Energie weiter, nicht seine eigene.

Vom Geben und Nehmen

Die Erfahrung, dass wir bei einer Reiki-Behandlung Kanal für die Energie sind, kann leicht dazu führen, dass wir uns selbst und unseren Einsatz geringschätzen. Sicher ist es nicht Ihre eigene, sondern die universale Energie, die fließt, aber Sie stellen sich zur Verfügung, und es ist Ihre Zeit, die Sie geben.

Der Energieaustausch ist für die Wirksamkeit von Reiki eine wichtige Voraussetzung. Wenn Sie Reiki verschenken, machen Sie den Empfangenden zum Bettler. Denken Sie an die Erfahrungen von Dr. Usui. Dank als Gegenleistung für Ihre Arbeit, in welcher Form auch immer, ist ein Ausdruck von Selbstverantwortung des Behandelten. Sie wiederum ist die Voraussetzung für die Heilung.

Energie verschenken oder verkaufen

Was Sie mit Reiki weitergeben, kann niemand unmittelbar sehen; aber es ist für die Empfangenden erfahrbar, spürbar. Es ist die Reiki-Kraft, die die Heilung bewirkt, doch für Ihren Zeiteinsatz sollten Sie eine Gegenleistung erhalten. Die Vereinbarung einer Gegenleistung ist für eine Partnerbehandlung wichtig. Natürlich werden Sie auch spontan und da, wo Sie gebraucht werden, im Notfall Ihre Hände auflegen, ohne etwas einzufordern.

- Sie können eine Reiki-Behandlung beispielsweise gegen eine Massage, Babysitterleistungen, Aufräum- und Gartenarbeiten, Wäsche bügeln oder Konzertkarten tauschen.
- In manchen Fällen kann auch ein Austausch von Geld sinnvoll sein. Dabei können Sie entweder den Stundenlohn der Empfänger oder Ihren eigenen zugrunde legen.
- Sie können eine Reiki-Behandlung verschenken.
- Bei Ihren nahen Angehörigen oder Freunden wird auch ohne Absprache ein Austausch auf andere Weise erfolgen.

Grundkurs Reiki – erster Grad

Die Bereitschaft, sich auf Reiki einzulassen, ist zugleich ein Ja zum eigenen Wachsen und zur Wandlung. Wenn Sie Lust bekommen haben, Reiki zu erlernen, und auch schon wissen, bei wem Sie es erlernen möchten, so ist es sinnvoll, für das Seminar ein Wochenende auszuwählen, an dem Sie ungestört und ohne weitere terminliche Verpflichtungen sind. Ein Wochenende, das Sie sich für Ihr eigenes

Wohlbefinden schenken. Ein Seminarwochenende beginnt am Samstagvormittag und endet am Sonntagnachmittag. Es umfasst vier Einheiten mit je ca. drei Stunden.

Die Teilnehmer
Zu den Reiki-Kursen melden sich Schüler, Studenten, Menschen aller Berufs- und Altersschichten an. Der Anteil an Frauen ist dabei meist höher als der der Männer.

Die ideale Gruppengröße liegt nach meiner Erfahrung zwischen sechs und zehn Teilnehmern. Erfahrungsgemäß ist jede Gruppe in der Zusammensetzung und Anzahl der Teilnehmer stimmig.

Vier Lerneinheiten
Die Zahl Vier ist eine Ordnungszahl in der materiellen Welt. Wir ordnen die Welt z. B. in vier Himmelsrichtungen, vier Jahreszeiten, vier Tageszeiten, vier Lebenszeitalter, vier Elemente, vier Temperamente etc.

Diese Zahl hat sich auch beim Reiki und bei der Reiki-Ausbildung als eine Zahl der guten Ordnung erwiesen:
- Es gibt vier Reiki-Grade.
- Zu Reiki gehören vier Symbole und vier Mantras.
- Das Erste-Grad-Seminar gliedert sich in vier Zeiteinheiten mit jeweils einer – also vier – Energieaktivierungen, die die oberen vier Chakras öffnen.
- Bei einer Erstbehandlung wird empfohlen, Reiki zunächst an vier aufeinanderfolgenden Tagen und dann im wöchentlichen Abstand zu geben.

Grundprinzipien und Grundlagen

Im Reiki-Grundseminar, das an einem Wochenende oder an vier aufeinanderfolgenden Abenden stattfindet, werden die Grundprinzipien von Reiki und die Grundlagen geistiger Heilung gelehrt. Sie erlernen die Handpositionen für

- die Selbstbehandlung (Seite 94 ff.),
- die Partnerbehandlung (Seite 104 ff.),
- den Ausgleich der Chakras (Seite 120 ff.),
- die Kurzbehandlung (Seite 124 ff.).

Sie werden während des Grundkurses in die Reiki-Kraft eingeweiht. Die vier Energieaktivierungen bewirken eine Öffnung der oberen vier Chakras, also des Scheitelchakras, des Dritten Auges, des Kehlkopfchakras und des Herzchakras.

Ein Beispiel aus der Praxis
Die meisten Reiki-Lehrer sorgen bei den Wochenendseminaren, die sie abhalten, für eine ruhige und angenehme Raumgestaltung. Dazu tragen meist frische Blumen, eine Duftlampe mit ätherischen Ölen sowie meditative Musik bei. Sie schaffen eine Atmosphäre, in der Vertrauen und Öffnung für alle Anwesenden möglich sind.

In einer kleinen Vorstellungsrunde erzählen die Teilnehmer ein wenig über sich selbst und die Gründe, die sie bewogen haben, den Reiki-Grundkurs zu besuchen. Oftmals ist eine eigene ernsthafte Erkrankung oder die naher Angehöriger der Anlass, andere haben eine empfangene Reiki-Behandlung als sehr wirkungsvoll erlebt und wollen deshalb die Grundkenntnisse von Reiki erlernen.

Reiki in der Praxis

Die Handpositionen

Mit Reiki arbeiten wir im Ätherkörper, der ein vollständiges Doppel des sichtbaren physischen Körpers ist. Er ist wie der Grundbauplan eines Hauses, der bestehen bleibt, auch wenn sich das Haus verändert. Darum werden z. B. Phantomschmerzen an fehlenden Gliedern so behandelt, als ob diese noch mit dem Körper verbunden wären, denn im Ätherkörper sind sie noch vorhanden!

So legen Sie die Hände auf
Sie legen bei einer Reiki-Behandlung beide Hände sanft auf. Dabei sind die Finger geschlossen und die Hände leicht gewölbt, wie flache Schalen. Die Hände bleiben ruhig ca. drei bis fünf Minuten in einer Position liegen. Sie werden das Fließen der Energie spüren, die zunächst stark fließt. Dabei entwickelt sich ein starkes Wärmegefühl in den Händen. Die Energie – und auch die Wärme – ebbt ab, wenn der Bedarf an dieser Körperstelle gestillt ist.

Das ist der Zeitpunkt, an dem Sie die Handposition ändern. Achten Sie darauf, dass Sie die Hände nacheinander wechseln, sodass eine Hand immer Körperkontakt hält. Eine genaue Beschreibung der Handpositionen mit den behandelten Körperteilen und Organen finden Sie bei der Selbstbehandlung und Partnerbehandlung.

Direkt oder indirekt Hand auflegen
Reiki durchdringt Materie. Es wirkt durch Kleidung, Decken, sogar durch Gipsverbände. Reiki wirkt auch, wenn Sie die Hände in einigen Zentimetern Abstand vom Körper (im Ätherkörper) halten. Das ist eine gute Möglichkeit der Behandlung von Brandwunden, offenen Verletzungen

Individuelle Unterschiede

Jeder Reiki-Lehrer lässt seine eigenen Erfahrungen in sein Seminar einfließen. So kann es sein, dass die Positionen, wie sie in diesem Buch beschrieben sind, von denen in anderen Büchern abweichen. Nehmen Sie die hier gezeigten Positionen als Möglichkeit einer Grundstruktur, die Ihnen das Üben erleichtert. Sie werden aufgrund Ihrer eigenen Erfahrungen später neue Positionen hinzugewinnen. Lassen Sie sich von Ihren Händen und der Reiki-Energie leiten.

und nach Operationen. Auch Personen, die es vorziehen, nicht direkt berührt zu werden, können Sie auf diese Weise behandeln. Im Allgemeinen wird aber das Auflegen der Hände als sehr angenehm empfunden.

Was erreichen Sie über die Hände?
Wenn Sie die Hände auf Ihren Körper oder den eines anderen Menschen auflegen, versorgen Sie nicht nur die darunter befindlichen Organe und Körperregionen mit Energie, sondern laden zugleich die Akupunkturpunkte energetisch auf.

- Im Kopfbereich, gerade im Gesicht auf der Stirn, liegen besonders viele dieser Akupunkturpunkte.
- Am Ohr gibt es allein 40 Akupunkturpunkte für den ganzen Körper; das Ohr ist auch als ein Abbild des Menschen zu sehen. Denken Sie sich das Ohrläppchen als Kopf, den Ohrrand als Wirbelsäule und die Ohrmuschel als Symbol für die inneren Organe, so finden Sie dort die zu ihnen gehörenden Energiepunkte.

- Auch an Füßen und Händen ist über die Reflexzonen und die Akupunkturpunkte eine energetische Versorgung des ganzen Organismus möglich.

Die Reiki-Selbstbehandlung

Eine Selbstbehandlung sollten Sie sich so oft wie möglich, am besten täglich gönnen, denn bevor Sie anderen Liebe und Aufmerksamkeit geben können, müssen Sie sich diese selbst schenken.

Die Umgebung muss stimmen
Schaffen Sie eine angenehme Raumatmosphäre, indem Sie eine Kerze anzünden, ein ätherisches Öl, das Sie mögen, in einer Duftlampe verdampfen lassen, Musik auflegen etc. Genießen Sie das Gefühl, sich etwas zu gönnen, eine Stunde Zeit ganz allein für sich zu haben.

Legen Sie, bevor Sie mit der Selbstbehandlung beginnen, metallischen Schmuck, Uhren und fest sitzende Gürtel ab; öffnen Sie den oberen Knopf von Hose oder Rock. Die Beschreibungen der einzelnen Handpositionen sind eine Anleitung, keine dogmatische Forderung für das Handauflegen. Sollte es Ihnen bei einzelnen Positionen sinnvoller und bequemer erscheinen, die linke und rechte Hand zu tauschen, dann tun Sie das. Sie können die Selbstbehandlung im Sitzen und im Liegen ausführen.

- Wenn Sie die Selbstbehandlung im Sitzen ausführen, wählen Sie einen Stuhl aus, auf dem Sie gerade und bequem sitzen können und Ihre Füße guten Bodenkontakt haben.
- Falls Sie liegen wollen, sorgen Sie dafür, dass Sie es warm und be-

Grundkurs Reiki – erster Grad

quem haben. Hilfreich sind warme Socken oder eine Decke. Legen Sie sich mit dem Rücken auf eine Matte oder Matratze. Ein Kissen oder eine gerollte Decke unter den Kniekehlen entlastet den Rücken.

Die Handpositionen am Kopf

Kopfposition 1

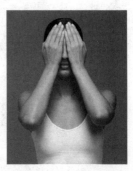

Legen Sie beide Hände auf Ihr Gesicht, sodass die Handballen am Kinn liegen und die Fingerspitzen am Haaransatz. Die Handchakras befinden sich über den Augen. In dieser Position werden Ober- und Unterkiefer, Zähne, Nebenhöhlen, Stirnhöhlen und Augen behandelt und mit Energie aufgefüllt, ebenso die Akupunkturpunkte im Augenbereich und auf der Stirn sowie das Dritte Auge.

Kopfposition 1 der Selbstbehandlung zum Abschalten.

Diese Position sollten Sie anwenden, wenn Ihre Augen ermüdet sind von der Arbeit am Computer, vielem Lesen oder nach langen Autofahrten. Sie hilft, nach der Anstrengung des Tages abzuschalten und nach innen zu schauen.

Kopfposition 2

Legen Sie beide Hände auf die Ohren, sodass die Handinnenflächen direkt auf den Ohren liegen, die Handballen sind am Hals, die Fingerspitzen zeigen nach oben. Sie behandeln so das Ohr, die Ohrspeicheldrüse und versorgen die ca. 40 Akupunkturpunkte am Ohr mit Energie.

Reiki in der Praxis

 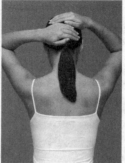 

Kopfposition 2 (links) zur Abschirmung. Kopfposition 3 (Mitte) zur Entspannung. Kopfposition 4 (rechts) harmonisiert und baut Stress ab.

Die Position bewirkt ein Abschirmen der Außenwelt und lenkt die Aufmerksamkeit auf das innere Hören.

Kopfposition 3
Legen Sie beide Hände am Hinterkopf so auf, dass die linke Hand von links nach rechts zeigend quer oberhalb des Nackens am unteren Haaransatz und die rechte Hand von rechts nach links zeigend darüber liegt. Sie behandeln in dieser Position das Stammhirn und das verlängerte Rückenmark (Modulla Oblongata). Das bewirkt Grundsicherheit und Urvertrauen. Die Position führt zu Entspannung und Entlastung. Sie müssen übrigens gar nicht krank sein, um sich mit Reiki behandeln zu lassen oder sich selbst zu behandeln.

Kopfposition 4
Beide Hände liegen auf der Schädeldecke rechts und links vom Scheitel, die Handballen sind dabei vorne am Haaransatz. Behandelt wer-

Grundkurs Reiki – erster Grad

Kopfposition 5 (links) hilft sehr gut bei Bauchkrämpfen. Vorderposition 1 (Mitte) heilt alle Halsbeschwerden. Vorderposition 2 (rechts) aktiviert die Selbstheilung.

den Großhirn und Scheitelchakra. Diese Position bewirkt einen Ausgleich von rechter und linker Gehirnhälfte wodurch sie harmonisiert und in die Lage versetzt wird, Stress abzubauen.

Kopfposition 5
Beide Hände liegen an Kinn und Wangen, die Handballen berühren einander, die Fingerspitzen zeigen zu den Ohren. Die Position wirkt auf den Unterleib und hilft bei Bauchkrämpfen und Menstruationsbeschwerden.

Die Handpositionen an der Körpervorderseite

Vorderposition 1

Die linke Hand umfasst den Nacken, die rechte liegt leicht über der Halsgrube. Behandelt werden so der Kehlkopf, die Stimmbänder,

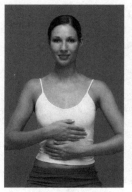  

Vorderposition 3 (links) stärkt das Ich. Vorderposition 4 (Mitte) hilft bei Ärger und Verstimmung. Vorderposition 5 (rechts) lässt Sie entspannen.

Schilddrüse und das Kehlkopfchakra (Ort der Kommunikation und des Selbstausdrucks). Es ist eine wichtige Position bei Hals- und Kehlkopfentzündungen.

Vorderposition 2
Die linke Hand liegt von links nach rechts quer über der Brustmitte (auf dem Herzchakra), die rechte von rechts nach links zeigend oberhalb der linken Hand. Auf diese Weise werden Herzchakra, Thymusdrüse und Lunge behandelt. Die Position aktiviert die Selbstheilungskräfte, Liebe, Mitgefühl und die Fähigkeit zum Geben wie Nehmen.

Vorderposition 3
Die rechte Hand liegt ruhig in der Körpermitte, von rechts nach links zeigend oberhalb der Taille, die linke von links nach rechts weisend unterhalb der Taille. Behandelt werden mit dieser Handhaltung Ma-

gen, Zwerchfell, Darm und das Solarplexuschakra. Die Energiezufuhr in diesem Bereich hilft Ihnen beim Verarbeiten und Verdauen, auch im übertragenen Sinn. Sie verstärkt die Individualität und die Fähigkeit der Abgrenzung von Ich und Außenwelt.

Vorderposition 4
Die Hände liegen auf der rechten Körperseite, die linke unter der Brust von links nach rechts zeigend, die rechte in der Taille weist von rechts nach links. Diese Position unterstützt bei der Selbstbehandlung Leber und Galle, sie hilft bei Verdauungsbeschwerden, aufgestautem Ärger und Depressionen.

Vorderposition 5
Die Hände liegen auf der linken Körperseite, die rechte unterhalb der Brust zeigt von rechts nach links, die linke Hand liegt in der Taille und zeigt von links nach rechts. Milz und Bauchspeicheldrüse werden bei dieser Vorderposition mit Energie versorgt; das unterstützt die Insulinproduktion, Entgiftung und Verdauung. Entspannung stellt sich ein.

Vorderposition 6
Beide Hände liegen auf den Leisten, die Fingerspitzen zeigen nach unten, die rechte Hand liegt auf der rechten Körperhälfte, die linke auf der linken. Die Drüsen, Fortpflanzungsorgane, Eierstöcke der Frau und die Blase werden dabei mit Energie versorgt.

Vorderposition 7
Die linke Hand liegt auf der linken Oberschenkelinnenseite, die rechte auf der rechten; beide zeigen nach unten. Das ist kreislaufanregend.

Reiki in der Praxis

 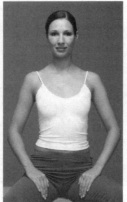 

Vorderposition 6 (links) stärkt die Fortpflanzungsorgane. Vorderposition 7 (Mitte) regt den Kreislauf an. Vorderposition 8 (rechts) macht sie beweglich.

Vorderposition 8
Die Beine sind geschlossen. Die rechte Hand liegt auf der rechten Kniekuppe, die linke auf der linken. Diese Position unterstützt das Vorwärtsschreiten, die Beweglichkeit im Leben.

Mit den acht Vorderpositionen tankt man Energie und entspannt zugleich.

Die Handpositionen an der Körperrückseite

Es ist angenehmer, sich den Rücken behandeln zu lassen, als das selbst zu tun. Die Möglichkeiten der Rückenselbstbehandlung sind von der individuellen Beweglichkeit abhängig. Führen Sie nur Positionen aus, die für Sie bequem sind.

Grundkurs Reiki – erster Grad

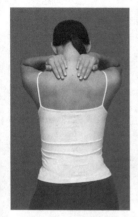 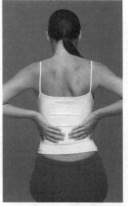 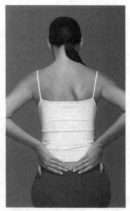

Rückenposition 1 (links) für den Nacken. Rückenposition 2 (Mitte) gegen Stress. Rückenposition 3 (rechts) gegen Rückenschmerzen und bei Ischias.

Rückenposition 1
Führen Sie die Hände über die Schultern zum Nacken, die Ellbogen zeigen dabei rechts und links vom Kopf in die Höhe. Die Finger zeigen den Rücken hinunter. Das löst Verspannung im Nackenbereich.

Rückenposition 2
Legen Sie beide Hände im Rücken oberhalb der Taille auf; die Fingerspitzen zeigen zur Wirbelsäule. Die Hände liegen dabei auf Nieren, Nebennieren und unterstützen deren Arbeit: das Entgiften, Reinigen und die Produktion von Adrenalin. Diese Position ist besonders hilfreich bei jeder Form von Stress, Anspannung und Aufregung.

Rückenposition 3
Legen Sie dann beide Hände weiter abwärts auf Hüften und Kreuz-

Rückenposition 4 (links) befreit von Vergangenem. Rückenposition 5 (Mitte) erdet. Rückenposition 6 (rechts) festigt und macht bodenständig.

bein; wieder zeigen die Finger zur Wirbelsäule. Die Hände liegen auf dem Sakralchakra. Das ist schmerzlindernd bei Rückenverspannungen und Ischias.

Rückenposition 4
Beide Hände umfassen die Kniekuppen von außen nach innen. Diese Position unterstützt das Loslassen der Vergangenheit und bewirkt Erdung. Das ist wichtig, wenn der Bodenkontakt verloren geht.

Rückenposition 5
Die linke Hand umfasst die rechte Ferse, die rechte Hand das rechte Knöchelgelenk. Bei dieser Position wird über die Fußreflexzonen der Unterleib mit Energie versorgt. Sie dient auch der Erdung, dem Kontakt zum Boden.

Rückenposition 6

Die rechte Hand umfasst die linke Ferse, die linke Hand das linke Knöchelgelenk. Die Wirkung ist identisch mit der vorangegangenen Position.

Rückenposition 7

Zum Abschluss nehmen Sie zunächst den rechten Fuß (Zehen und Fußsohlen) in beide Hände und danach den linken. Über die Zehen werden die Fußreflexzonen für den Kopf behandelt, die Behandlung der Fußsohle fördert die Erdung.

Auf den Fußsohlen befinden sich Ihre Fußchackras für die Erdung, Fußreflexzonen für Ihre inneren Organe, für Kopf und Glieder und für alle Regionen Ihres Körpers.

Bei Rückenposition 7 werden die Fuß- sohlen behandelt.

Auch für die sieben Hauptchakras gibt es Stimulationszonen auf der Fußsohle. Nicht umsonst sagt der Volksmund: Kopf kühl – Füße warm macht den besten Doktor arm.

Wenn Sie Ihre Fußsohlen mit Reiki behandeln, versorgen Sie damit Ihren ganzen Körper mit Energie. Sie werden damit widerstandsfähiger und auch viel weniger anfällig für Krankheiten.

Reiki in der Praxis

Die Reiki-Partnerbehandlung

Mit Reiki behandeln wir den ganzen Menschen, nicht allein die Krankheit. Jede Körperzelle trägt in sich die Information des Ganzen. Unter diesem Aspekt ist niemals nur ein Teil oder ein Organ des Körpers erkrankt, sondern der komplette Mensch. Und der ganze Organismus braucht zur Revitalisierung die Zufuhr von Energie. Ich empfehle deshalb, falls es zeitlich möglich ist, immer den ganzen Menschen mit Reiki zu versorgen.

Vorbereitung auf die Behandlung

Bieten Sie eine Reiki-Behandlung nur an, wenn Sie sich wirklich Zeit nehmen wollen, und sorgen Sie auch dafür, dass Sie sich wohl fühlen. Lassen Sie sich auf Reiki ein. Sie sind ein Kanal, der das Fließen der Energie ermöglicht. Es geht nicht darum, etwas zu machen, sondern ums Lassen: geschehen lassen, einverstanden sein. Bevor Sie mit einer Behandlung eines Partners beginnen, sollten Sie den Durchlauf genau planen. Die gesamte Partnerbehandlung dauert ungefähr eine Stunde.

- Sorgen Sie dafür, dass Sie bequem sitzen.
- Wenn Sie auf dem Boden behandeln, kann ein Kissen oder eine gerollte Decke den Sitz erleichtern.
- Wenn Sie spüren, dass Sie sich während der Behandlung verspannen, ändern Sie häufiger Ihre Sitzposition. Bequemer ist es, im Sitzen oder Stehen zu behandeln.
- Eine Behandlungsliege ist ideal: Böcke mit einer Tischlerplatte oder einer ausgehängten Tür und einer weichen Auflage darauf erfüllen denselben Zweck. Anstelle von Böcken und Platte ist es auch möglich, einen stabilen Ausziehtisch zu verwenden.

- Falls es für Sie angenehm ist, lassen Sie Meditationsmusik im Hintergrund laufen.

Für den anderen sorgen
Achten Sie darauf, dass derjenige, den Sie behandeln, bequem liegt, etwa ein Kissen unter Kopf und Knien hat. Die Entspannung während der Behandlung senkt die Körpertemperatur. Sorgen Sie für warme Füße, und legen Sie eine Decke auf.

Das Ritual
Vor dem Beginn jeder Partnerbehandlung sollten Sie als Vorbereitung auf die Reiki-Stunde ein kleines Ritual durchlaufen:
- Armbanduhr und Schmuck ablegen,
- eine Uhr in Sichtweite stellen, um die Zeit während der Behandlung im Blick zu haben,
- die Hände waschen – damit trennen Sie sich von dem, was vorher war,
- sich zentrieren, d. h. zur Ruhe kommen,
- sich selbst gedanklich mit der Reiki-Kraft verbinden,
- innerlich loslassen, sich öffnen und damit bereit werden, etwas geschehen zu lassen,
- für die Reiki-Energie und die Möglichkeit zu helfen danken.

Die Macht der Liebe
Je mehr Sie mit Reiki arbeiten, umso sensibler werden Sie. Sie werden differenzierter wahrnehmen können, wo Energieblockaden stecken, wo im Körper ein entzündlicher Prozess abläuft und wo verstärkt Energie benötigt wird.

Lassen Sie sich nicht dazu verführen, etwas zu wollen oder zu tun. Vertrauen Sie Ihren Händen, die den Weg finden, und vertrauen Sie auf die Heilkraft von Reiki. Die Reiki-Kraft, die durch Sie hindurchfließt, nährt und schützt auch Sie bei der Behandlung.

Die intelligente Energie, die alles Leben hervorbringt, kennt die Baupläne aller Lebewesen. Sie fließt immer an die Stelle, wo sie momentan gebraucht wird. Sie werden das in Ihren Händen deutlich spüren. Seien Sie sich bewusst, dass Sie Kanal sind und dass es die Reiki-Kraft ist, die die Heilung bewirkt. Alles, was geschieht, geschieht durch Sie, aber nicht aktiv von Ihnen aus.

Abfolge einer Partnerbehandlung

Während einer Partnerbehandlung legen Sie die Hände wie flache Schalen auf den Körper sanft auf. Sie werden ein Wärmegefühl in Ihren Händen spüren, das stärker wird, je mehr die Energie fließt, und das abflaut, wenn der Energiebedarf an dieser Stelle gedeckt ist.

Verweilen Sie in jeder Handposition ca. drei bis fünf Minuten (Uhr in Sichtweite), und achten Sie beim Wechseln der Position darauf, dass eine Hand den Körperkontakt immer hält. Wenn Sie Reiki-Neuling sind, sollten Sie mit weniger Positionen beginnen und Ihre Hände lieber länger an einer Stelle liegen lassen.

Aura zu Beginn ausstreichen

Legen Sie Ihre linke Hand auf die Hand des Empfangenden, und führen Sie Ihre rechte Hand ca. fünf Zentimeter über dessen Körpermitte vom Kopf bis zu den Füßen, dann in einem weiten Bogen wieder aufwärts zum Kopf. Insgesamt vollziehen Sie diese Handbewegung dreimal. Damit wird die Aura ausgestrichen.

Die fünf Kopfpositionen für den Partner

Während Sie die Kopfpositionen ausführen, sitzen Sie am Kopfende des Reiki-Empfangenden hinter ihm. Der Kopf ist empfindlich, gehen Sie ganz behutsam damit um. Sollte der Behandelte – aus welchen Gründen auch immer – direkten Körperkontakt ablehnen, leiten Sie die Energie weiter, indem Sie die Hände drei bis fünf Zentimeter über die einzelnen Stellen halten. Auch das funktioniert.

Kopfposition 1 für den Partner
Sie sitzen hinter dem Empfangenden und legen beide Hände auf seine Augen, die Handballen befinden sich am Haaransatz, die Daumen an der Nasenwurzel, die Fingerkuppen in der Mundpartie. So werden Augen, Stirnhöhlen, Oberkiefer, Nebenhöhlen, Drittes Auge und die Akupunkturpunkte im Augenbereich mit Energie versorgt. Das ermöglicht ein Abschalten, der Partner wird sich seiner Bedürfnisse bewusst.

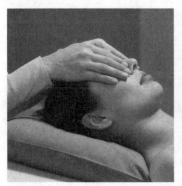 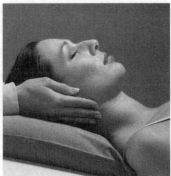

Kopfposition 1 (links) lässt den Partner abschalten.
Kopfposition 2 (rechts) lässt den Partner in sich reinhorchen.

Reiki in der Praxis

Kopfposition 2 für den Partner
Legen Sie dann die rechte Hand auf das rechte, die linke auf das linke Ohr, sodass die Handchakras über dem Ohr sind und die Fingerspitzen nach unten zeigend auf dem Hals ruhen. Behandelt werden so das Ohr und die Ohrspeicheldrüse sowie die 40 Akupunkturpunkte am Ohr. Schon mit dieser Position wird der ganze Mensch mit Energie versorgt. Sie schirmt von der Außenwelt mit all ihren Geräuschen ab, Stille und inneres Hören werden möglich.

Kopfposition 3 für den Partner
Drehen Sie den Kopf vorsichtig zunächst zur rechten Seite, um Ihre rechte Hand darunter zu legen, dann zur linken Seite, um die linke Hand unter den Kopf zu legen. Der Kopf ruht jetzt in einer Schale aus Ihren beiden Händen. Ihre Fingerspitzen berühren im Nacken den Haaransatz. In dieser Position behandeln Sie das Stammhirn, das mit dem Dritten Auge verbunden ist. Die Position hilft dem Empfangen-

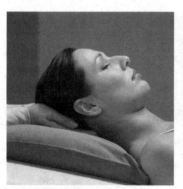 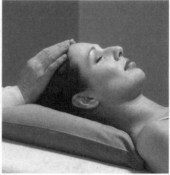

Kopfposition 3 (links) vermittelt dem anderen Sicherheit.
Kopfposition 4 (rechts) gleicht beide Gehirnhälften aus.

den, im übertragenen Sinn den Kopf abzugeben; sie vermittelt Grundsicherheit und Urvertrauen.

Kopfposition 4 für den Partner
Legen Sie die rechte Hand rechts, die linke links vom Scheitel auf den Kopf; die Fingerkuppen zeigen zu den Schläfen. Diese Position wirkt harmonisierend und baut Stress ab. Sie gleicht die beiden Gehirnhälften aus.

Kopfposition 5 für den Partner
Nehmen Sie nun das Kinn in beide Hände, sodass die Fingerspitzen einander berühren. Diese Position wirkt entspannend auf die Unterleibsorgane; sie hilft bei Bauchkrämpfen und Menstruationsbeschwerden und vermittelt Geborgenheit sowie Grundsicherheit.

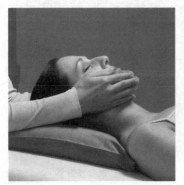 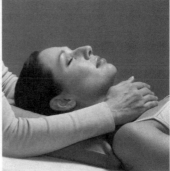

Kopfposition 5 (links) vermittelt dem Partner Geborgenheit.
Vorderposition 1 (rechts) fördert Kommunikation.

Reiki in der Praxis

Die sieben Vorderpositionen für den Partner

Fahren Sie fort mit den Positionen auf der vorderen Körperseite des Partners. Falls Sie genügend Zeit haben, können Sie hier einen Ausgleich der Chakras (Seite 120) anschließen. Insgesamt gehen Sie bei jeder Behandlung 19 Handpositionen an Kopf, Vorderkörper und Rücken durch. Dazu kommt das Aura-Ausstreichen. Nehmen Sie sich also ausreichend Zeit!

Vorderposition 1 für den Partner
Bleiben Sie für die erste Position hinter dem Behandelten sitzen. Schieben Sie Ihre linke Hand seitlich unter den Nacken des Partners, und legen Sie die rechte Hand sanft über der Halsgrube auf. Hals, Kehlkopf, Stimmbänder, Schilddrüse und Hals- bzw. Kehlkopfchakra werden so

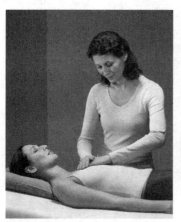 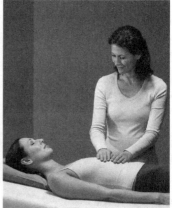

Vorderposition 2 (links) intensiviert Selbstheilungskräfte und Mitgefühl.
Vorderposition 3 stärkt die Individualität des anderen.

mit Energie versorgt. Diese Anwendung hilft bei Störungen, entzündlichen Prozessen in diesem Bereich und fördert Kommunikation und Selbstausdruck.

Vorderposition 2 für den Partner
Setzen oder stellen Sie sich auf die linke Seite des Empfangenden. Ihre linke Hand liegt in seiner Brustmitte, die Fingerspitzen zeigen zum Kopf. Die rechte Hand legen Sie quer davor, der Handballen ist zu Ihrem Körper ausgerichtet. Ihre Hände bilden jetzt ein T. Ihr eigener Brustraum öffnet sich in dieser Haltung. Mit Energie versorgt werden nun das Herz, die Thymusdrüse, die Lunge und das Herzchakra. Das bewirkt eine Aktivierung der Selbstheilungskräfte sowie ein emotionales Genährtsein. Der Themenkreis Liebe zum Selbst und zum Ganzen, Mitgefühl, die Beziehung zum Geben und Nehmen kann angesprochen und intensiviert werden.

Vorderposition 3 für den Partner
Beide Hände liegen auf der Körpermitte; die rechte Hand liegt am unteren Rippenbogen, die Finger zeigen zur rechten Körperseite des Behandelten. Magen, Zwerchfell und Solarplexuschakra werden nun mit Energie aufgeladen. Das Verarbeiten und Verdauen – auch im übertragenen Sinn – von Fremdem wird so unterstützt. Individualität und Abgrenzung werden gestärkt.

Vorderposition 4 für den Partner
Legen Sie beide Hände nebeneinander zwischen Brust und Taille auf die rechte Körperseite; die Fingerkuppen zeigen von Ihnen fort. Diese Position unterstützt Galle und Leber, hilft bei Verdauungsbeschwer-

Reiki in der Praxis

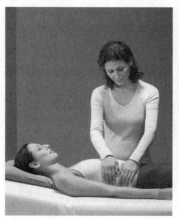 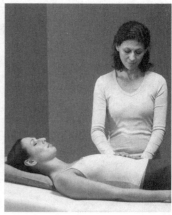

Vorderposition 4 (links) mindert Depressionen des Partners.
Vorderposition 5 (rechts) hilft verdauen.

den und ist auch sehr gut für das Loslassen von aufgestautem Groll und Depressionen.

Vorderposition 5 für den Partner
Legen Sie danach beide Hände auf die linke Körperseite, die Fingerspitzen zeigen wieder von Ihnen fort. In dieser Position werden Milz und Bauchspeicheldrüse versorgt, die Insulinproduktion, Entgiftung und Verdauung angeregt. Entspannung stellt sich ein.

Vorderposition 6 für den Partner
Bei dieser Haltung achten Sie besonders darauf, dass Ihr eigener Brustraum geöffnet ist und Ihre Haltung bequem bleibt. Legen Sie Ihre rechte Hand auf die linke Leiste des Empfangenden, die Fingerkuppen zeigen zu seinen Füßen. Die linke Hand kommt auf die rechte Leiste,

Grundkurs Reiki – erster Grad

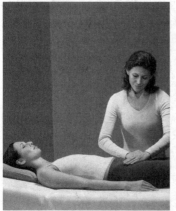 

Vorderposition 6 (links) versorgt die Fortpflanzungsorgane des Behandelten.
Vorderposition 7 (rechts) unterstützt die Beweglichkeit.

die Fingerspitzen zeigen zum Kopf und zur Körperseite. Drüsen, Fortpflanzungsorgane, Eierstöcke der Frau und die Blase werden jetzt mit Energie versorgt.

Vorderposition 7 für den Partner
Legen Sie nun die linke Hand auf das rechte, die rechte auf das linke Knie. Diese Position unterstützt das Vorwärtsschreiten und die Beweglichkeit im Leben.

Die sieben Rückenpositionen für den Partner

Bitten Sie jetzt den Empfangenden, sich umzudrehen. Sie behandeln den Rücken und beginnen an den Schultern. Sie enden mit der

Reiki in der Praxis

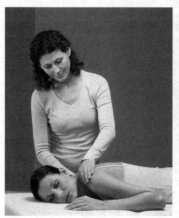 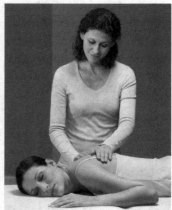

Rückenposition 1 (links) entlastet von Verantwortung.
Rückenposition 2 (rechts) sorgt für emotionales Genährtsein.

Schlussposition an den Füßen. Während der Partner auf dem Bauch liegt, ist es wichtig, dass er sich wohl fühlt. Vielleicht hilft ein dünnes Kissen unter dem Bauch oder unter den Füßen. Probieren Sie es aus. Sollte der Empfangende während der Behandlung des Rückens zu frieren beginnen, legen Sie ihm eine dünne Decke über.

- Die Öffnungen der Chakras befinden sich auf der Körpervorderseite des Partners, und die erste Phase der Behandlung, die Vorderpositionen wirkt öffnend.
- Die sieben Rückenpositionen wiederum schließen die Chakras, sie wirken beruhigend.
- Ab der fünften Position beginnt die Erdung für den Behandelten. Damit führen Sie Ihren Partner allmählich wieder in die Gegenwart zurück.

Grundkurs Reiki – erster Grad

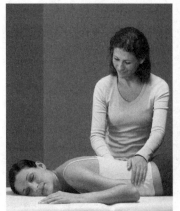 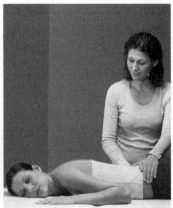

Rückenposition 3 (links) hilft dem Partner bei Stress.
Rückenposition 4 (rechts) entgiftet und reinigt den Partner.

Rückenposition 1 für den Partner

Stellen Sie sich auf die rechte Seite des Empfangenden. Legen Sie Ihre rechte Hand auf die rechte, die linke auf die linke Schulter. Die Fingerspitzen beider Hände zeigen nach links. Diese Position wirkt entlastend; ein Rucksack gefüllt mit Verantwortung kann sinnbildlich abgegeben werden.

Rückenposition 2 für den Partner

Lassen Sie Ihre Hände auf den Schultern abwärts auf die Schulterblätter wandern; die Fingerspitzen zeigen nach links. Behandelt wird nun die Rückseite des Herzchakras. Ruhe und Gelöstheit stellen sich ein, was sich mit dem Satz »Ich bin genährt – geliebt« ausdrücken lässt.

Reiki in der Praxis

Rückenposition 5 (links) entspannt das Kreuzbein.
Rückenposition 6 (rechts) kann oft Kindheitserinnerungen wecken.

Rückenposition 3 für den Partner

Die rechte Hand liegt oberhalb der rechten, die linke oberhalb der linken Taille; die Fingerkuppen zeigen alle nach links. So liegen die Hände auf den Nebennieren. Unterstützt wird hier die Produktion von Adrenalin, und eine Entspannung im Darmbereich wird ausgelöst. Diese Position ist besonders hilfreich bei Stress, Aufregung und Anspannung.

Rückenposition 4 für den Partner

Legen Sie dann Ihre Hände kurz unterhalb der Taille so auf, dass wieder die Fingerspitzen beider Hände nach links zeigen. Diese Position unterstützt die Nieren bei der Entgiftung, Reinigung und fördert das Loslassen. Eine wichtige Position auch bei Beziehungskonflikten.

Rückenposition 5 für den Partner

Legen Sie die linke Hand auf das Gesäß, der Handballen ruht auf dem Anus, die Fingerkuppen zeigen Richtung Kopf. Ihre rechte Hand legen Sie quer über das Kreuzbein, sodass die Hände ein T bilden. Kreuzbein, Enddarm und die Prostata des Mannes werden so mit Energie versorgt. Diese Position löst Energieblockaden im Kreuzbeinbereich, hilft bei Ischias und Hämorrhoiden und stellt eine Verbindung von Sakral- und Wurzelchakra her. Da das Wurzelchakra direkt berührt wird, ist das auch die erste von drei Erdungspositionen.

Rückenposition 6 für den Partner

Legen Sie Ihre rechte Hand in die rechte Kniekehle, die linke in die linke. In dieser Position kommt es oft zu Erinnerungen aus der frühen Kindheit. Es ist die zweite von insgesamt drei Erdungspositionen.

Rückenposition 7 für den Partner

Legen Sie dann Ihre rechte Hand auf die linke, die linke auf die rechte Fußsohle des Empfangenden. Die Handballen berühren die Fersen. Die Fingerkuppen liegen dann an den Zehen (Foto s. Seite 118).

Mit Energie versorgt werden bei dieser Position die Fußreflexzonen am Mittelfuß und an den Zehen. Es ist die letzte Position der Partnerbehandlung; sie ist die dritte Erdung und der Abschluss.

Zum Abschluss die Aura ausstreichen

Neben der allgemeinen Ganzbehandlung haben Sie mit dem Ausgleich der Chakras die Chance, sich mit nur vier Handpositionen energetisch

Reiki in der Praxis

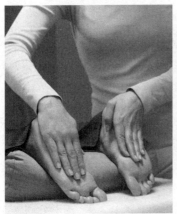 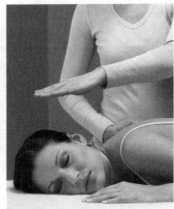

*Rückenposition 7 (links) Erdung und Abschluss.
So streichen Sie die Aura des Partners aus (rechts).*

aufzuladen und auszubalancieren. Die Partnerbehandlung wird abgeschlossen, indem noch einmal die Aura, wie schon zu Beginn der Partnerbehandlung, ausgestrichen wird. Legen Sie dazu die rechte Hand auf Ihr eigenes Sakralchakra, es befindet sich ungefähr zwei Fingerbreit unter dem Nabel.

Streichen Sie mit der linken Hand dreimal wie am Anfang die Aura des Partners aus. Sie können jetzt spüren, wie sich der Vitalkörper aufgefüllt hat.

Anschließend streichen Sie die Aura von der Lende aufwärts – gegen den Strich. Das hilft beim Aufwachen und Zurückkommen.

Kontakt halten

Der Empfangende wird, auch nachdem Sie seine Aura ausgestrichen haben, unter Umständen eine Weile brauchen, bis er wieder in der

Realität auftaucht, wieder ganz im Hier und Jetzt ankommt. Während der Behandlung erreicht er einen tiefen Entspannungszustand, er befindet sich zwischen Wachen und Träumen, wir nennen es »Reiki-Land«. Möglicherweise hat er Visionen erlebt oder Farben und frühere Erlebnisse gesehen. Geben Sie ihm Zeit, sich darüber mit Ihnen auszutauschen. Auch über Ihre Empfindungen beim Behandeln sollten Sie sprechen. Stellen Sie aber keine Diagnosen, dafür ist der Arzt zuständig.

Zum Schluss danken Sie der göttlichen Kraft für die Reiki-Energie. Sie sollten sich nach einer Reiki-Behandlung auch die Hände waschen oder, wenn Sie möchten, duschen.

Gefühle und Gedanken bei der Behandlung
Sollten während der Behandlung bei Ihnen ähnliche Gefühle, Erinnerungen oder Emotionen auftauchen wie beim Empfangenden von Reiki, ist das kein Grund zur Beunruhigung. Was in Ihnen alles auftaucht, sind Ihre eigenen Bilder und Erfahrungen.

Während einer Reiki-Sitzung sind Sie geschützt. Sie nehmen, so wie der Behandelnde auch, nur Heilenergie auf und leiten sie an den Partner oder die Partnerin weiter.

Geben Sie sich sehr viel Zeit, liebevoll Ihren eigenen Gefühlen und Ihren ganz persönlichen Empfindungen nachzuspüren. Nur was Sie sich selbst ehrlich zugestehen, können Sie dann auch anderen von Herzen schenken.

Sie werden in den Sitzungen Nehmen und Geben neu lernen.

Der Ausgleich der Chakras

Neben der allgemeinen Ganzbehandlung haben Sie mit dem Ausgleich der Chakras die Chance, sich mit nur vier Handpositionen energetisch aufzuladen und auszubalancieren.

Je nach den individuellen Aufgaben- und Problemstellungen eines Menschen sind seine einzelnen Chakras mehr oder weniger aktiv. Mit Reiki haben Sie die Möglichkeit, sowohl die einzelnen Chakras aufzuladen als auch die Chakras miteinander auszugleichen. Der Ausgleich der Chakras hat eine stark harmonisierende Wirkung. Sie benötigen dafür ca. 15 bis 20 Minuten Zeit. Sie können den Ausgleich der Chakras bei sich selbst und in gleicher Weise bei einem anderen ausführen. Über die Wirkungsweise der Chakras, Zuordnungen zu Organen und Möglichkeiten der Beeinflussung informieren Sie sich auf Seite 39 ff.

Die Anordnung des siebenflammigen Leuchters

Stellen Sie sich einen siebenflammigen Leuchter vor: Er entspricht dem Aufbau der Chakras. Die beiden äußeren Flammen symbolisieren das erste und siebte Chakra, das oberste und unterste, die nächsten beiden Flammen stehen für das zweite und sechste Chakra, dann kommen das dritte und fünfte Chakra, und die mittlere Flamme entspricht dem Herzchakra, dem Zentrum.

Zuerst die Aura ausstreichen

Beim Ausgleich der Chakras mit Partner stehen Sie zunächst auf der linken Seite des zu Behandelnden und streichen mit der linken Hand seine Aura dreimal aus. Sie beginnen über dem Kopf, streichen entlang der Körpermitte bis zu den Zehen und in weitem Bogen vom Körper entfernt zurück zum Kopf.

Praktische Informationen zum Ausgleich der Chakras
Gerade der schnell durchzuführende Ausgleich der Chakras eignet sich bestens für eine Arbeitspause oder auf Reisen, wenn die notwendige Energie zu versiegen droht.

Während der nun folgenden Behandlung der sieben Chakren können Sie stehen oder sitzen. Wichtig ist nicht Ihre Haltung, sondern das Handauflegen und Verbinden einzelner Chakras. Wenn Sie sich bei der Chakrabehandlung einen siebenarmigen Leuchter vorstellen, geht es leichter: Sie verbinden die Chakras von außen nach innen gehend. Zum Schluss konzentrieren Sie sich auf das Zentrum, das Herz.

- Legen Sie beide Hände in den beschriebenen Positionen entweder direkt auf die Körperstellen auf, oder halten Sie sie in einem Abstand von drei bis fünf Zentimetern über dem Körper.
- Um sich über den Sitz der Chakras ganz sicher zu sein, betrachten Sie vor dem ersten Ausgleich der Chakras noch einmal die Zeichnung auf Seite 73. Hier erkennen Sie rasch, wo welches Chakra liegt und wohin Sie die Hände halten oder wo Sie sie auflegen sollen.
- Lassen Sie die Hände so lange ruhen, bis Sie spüren, dass die Energie in beiden Chakras gleichmäßig fließt. Das kann manchmal etwas länger dauern, haben Sie Geduld mit sich.
- Je öfter Sie mit Reiki arbeiten, umso intensiver werden Sie das Fließen der Energie wahrnehmen. Der Behandelte wird den Energiefluss als Wärme spüren.

Reiki in der Praxis

Erstes und siebtes Chakra

Halten Sie Ihre linke Hand über das Wurzelchakra und Ihre rechte über das Scheitelchakra. Sie stellen damit die Verbindung her zwischen Himmel und Erde, dem materiellen und dem göttlichen Aspekt des Seins.

Zweites und sechstes Chakra

In der nächsten Position halten Sie Ihre linke Hand über das Sakralchakra, das sich ungefähr zwei Zentimeter unterhalb des Nabels und Ihre rechte Hand über das Dritte Auge, das sich auf der Stirn zwischen den Augenbrauen und der Nasenwurzel befindet. Es ist das sechste von sieben Chakras.

Sie stellen damit eine Verbindung her zwischen Wünschen, Ihrer Kreativität, Sinnlichkeit und Ihrer Intuition, Ihrem inneren Sehen und

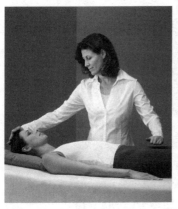 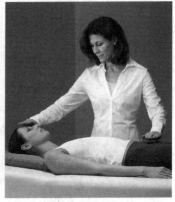

Links: Verbinden Sie das erste und siebte Chakra.
Rechts: Mit dem Ausgleich des zweiten und sechsten Chakras wecken Sie Kreativität und Sinnlichkeit.

Ihrer Weisheit. Wenn Sie spüren, dass die Energie in beiden Händen gleichmäßig fließt, gehen Sie zur nächsten Position über.

Drittes und fünftes Chakra
Die linke Hand liegt hier über dem Solarplexus ca. drei Fingerbreit oberhalb des Nabels (auf dem Magen) und die rechte Hand über der Halsgrube, über dem Kehlkopfchakra. Die Individualität und Ich-Stärke werden damit gestärkt, denn über das Kehlkopfchakra können sie sich äußern.

Viertes Chakra
Mit dem Bild des siebenflammigen Leuchters vor Augen wenden Sie sich danach der zentralen Kerze, dem Herzchakra, zu.

Halten Sie beide Hände über das Herzchakra in der oberen Mitte der

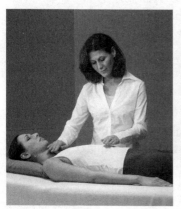
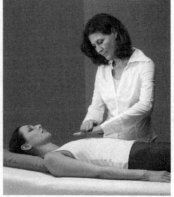

Links: So gleichen Sie drittes und fünftes Chakra aus.
Rechts: Das vierte Chakra betrifft Herzensangelegenheiten.

Brust. Es ist das vierte Chakra. Im Herzen fließen alle Erscheinungsformen unseres Seins zusammen. Die Liebe, die Weisheit des Herzens, ist die tragende Säule unseres Lebens.

Den Ausgleich der Chakras abschließen
Beenden Sie den Ausgleich der Chakras, indem Sie dreimal die Aura mit der linken Hand ausstreichen, vom Kopf zu den Zehen in der Körpermitte abwärts und in weitem Bogen vom Körper entfernt aufwärts.

Die Reiki-Kurzbehandlung

Als Schnellprogramm für Gestresste bietet sich eine Kurzbehandlung zwischendurch an. Die Reiki-Kurzbehandlung zeichnet sich dadurch aus, dass sie keines großen Aufwands bedarf. Sie bewirkt ein schnelles Wiederaufladen mit Lebenskraft und kann überall im Alltag angewandt werden: im Büro, am Flughafen oder auf dem Rastplatz der Autobahn, zu Hause.

Die Behandlung dauert ca. 20 Minuten und wirkt sehr energetisierend und aufbauend. Wegen der Kürze ist sie gut geeignet zur Behandlung von Kindern und Älteren bzw. für eine Ersterfahrung mit der Reiki-Energie. Der Empfangende oder die Empfangende sitzt während der Kurzbehandlung auf einer Bank oder einem Stuhl, wenn möglich ohne Lehne.

Position 1
Treten Sie hinter die sitzende Person, und legen Sie zunächst Ihre Hände auf deren Schultern auf. Diese Position wirkt entlastend.

Grundkurs Reiki – erster Grad

Position 1 (links) wirkt entlastend. Position 2 (rechts) bewirkt Gelassenheit.

Position 2

Während aller weiteren Positionen der Kurzbehandlung stehen Sie auf der rechten Seite des Empfangenden.

Legen Sie Ihre rechte Hand quer über die Stirn (das Dritte Auge) des Behandelten und die linke auf den Hinterkopf am Übergang zwischen Nacken und Schädelknochen. Die Verbindung vom Dritten Auge, das für Intuition steht, und dem Stammhirn, in dem der Überlebensinstinkt steckt, bewirkt Ruhe und Gelassenheit, ein inneres Sich-Niedersetzen.

Mit den folgenden vier Positionen werden das zweite bis fünfte Chakra mit Energie aufgefüllt. Sie beginnen am zweiten Chakra, dem Sakralchakra, und wandern dann aufwärts. Dabei hat die rechte Hand auf der Vorderseite eine nährende Funktion, während die linke auf dem Rücken Halt gibt und unterstützt.

Reiki in der Praxis

 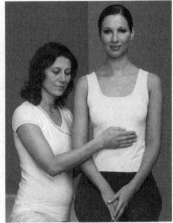

Position 3 (links) behandelt das Sakralchakra.
Position 4 (rechts) gibt dem Solarplexuschakra schnell Energie.

Position 3

Legen Sie Ihre rechte Hand auf das Sakralchakra, das sich zwei Fingerbreit unterhalb des Nabels befindet. Ihre linke Hand liegt in gleicher Höhe im Rücken auf dem Kreuzbein. Die Handballen sind dabei zu Ihrem Körper hin gerichtet, die Fingerspitzen zur linken Körperseite des Empfangenden.

Position 4

Wieder von rechts kommend, eventuell müssen Sie sich dazu hinsetzen oder etwas hinunterbeugen, legen Sie die rechte Hand auf der vorderen Körperseite auf das Solarplexuschakra und die linke Hand in gleicher Höhe hinten auf den Rücken. Damit wird das dritte Chakra mit Energie gefüllt.

Grundkurs Reiki – erster Grad

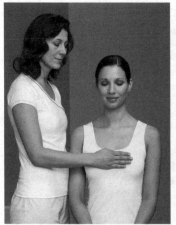 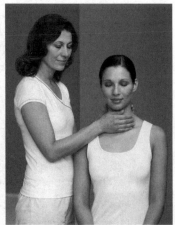

Position 5 (links) hilft dem Herzen.
Position 6 (rechts) füllt im Nu das Kehlkopfchakra.

Position 5

In der gleichen Handhaltung wird das Herzchakra mit Energie aufgefüllt: Die rechte Hand liegt dabei vorne auf der Brust des Empfangenden, die linke Hand auf gleicher Höhe in seinem Rücken.

Position 6

Die linke Hand umfasst nun den Nacken, die rechte ruht vorne auf der Halsgrube. Das Kehlkopfchakra wird so mit Energie aufgeladen.

Streichen Sie zum Abschluss mit einer Aufwärtsbewegung der rechten Hand die Aura hoch, vom Sakralchakra bis über den Kopf.

Reiki in der Praxis

Die Reiki-Sonderpositionen

Wenn Sie noch weiterlernen wollen, bieten sich die Sonderpositionen von Reiki an. Sie erhalten hier einige Vorschläge, wie Sie mit bestimmten Handpositionen an Kopf, Körpervorderseite und -rückseite energetisch arbeiten können. Die Handpositionen auf der Vorderseite wirken nährend, die auf der Rückenseite dagegen unterstützend.

Die Sonderpositionen werden als Partnerbehandlung gezeigt und beschrieben. Sie können sie aber auch bei sich selbst anwenden, soweit Sie die Körperregionen mit Ihren eigenen Händen erreichen.

Sonderposition 1 für den Kopf

Während der ersten sechs Positionen sitzen Sie als Behandelnder hinter dem Empfangenden. Legen Sie die rechte Hand rechts, die linke

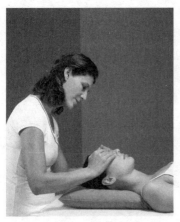 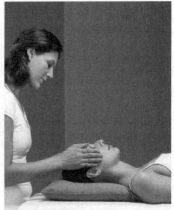

Sonderposition 1 (links) entlastet die Augen.
Sonderposition 2 (rechts) wirkt bei Kopfschmerz.

links von hinten über die Augen, sodass alle Fingerkuppen zur Nase zeigen. In dieser Position wird der Sehnerv behandelt, sie ist entlastend bei angestrengten Augen.

Sonderposition 2 für den Kopf
Die rechte Hand liegt auf der rechten, die linke auf der linken Schläfe; die Fingerspitzen zeigen zum Körper. Diese Position zentriert und hilft bei Kopfschmerzen.

Sonderposition 3 für den Kopf
Beide Hände liegen rechts und links am Hals, die Fingerkuppen berühren sich in der Halsgrube. Ohrspeicheldrüse, Schilddrüse und Hals- bzw. Kehlkopfchakra werden so mit Energie versorgt.

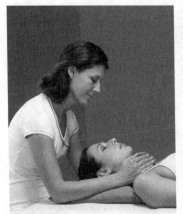
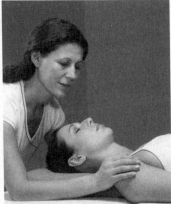

Sonderposition 3 (links) versorgt die Schilddrüse.
Sonderposition 4 (rechts) dient der Entlastung der Schultern.

Reiki in der Praxis

Sonderposition 4 für den Kopf
Die rechte Hand liegt auf der rechten, die linke auf der linken Schulter leicht auf. Das bewirkt beim Empfangenden ein Gefühl der Entlastung; er kann Verantwortung abgeben.

Sonderposition 5 für den Kopf
Fassen Sie mit beiden Händen von hinten unter die Schulterblätter. Mit den Fingerkuppen üben Sie leichten Druck aus (Foto, s. unten). Diese Position entlastet die Schultern und öffnet den Brustraum. Es hilft dem Empfangenden, Verantwortung abzugeben, das Herz wieder zu spüren.

Sonderposition 6 für den Kopf
Beide Hände liegen oberhalb der Brust in V-Form auf der Thymus-

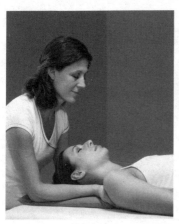 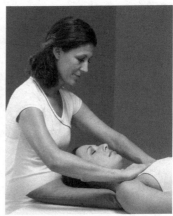

Sonderposition 5 (links) lehrt wieder das Herz spüren.
Sonderposition 6 (rechts) stärkt die Abwehrkräfte.

drüse. Die Fingerspitzen berühren sich (Foto, s. Seite 130). Diese Position stärkt die Abwehrkräfte und wirkt beruhigend.

Sonderposition 7 für den Kopf
Stellen Sie sich jetzt auf die rechte Seite des Behandelten. Ihre linke Hand liegt unter dem Kopf am Haaransatz im Nacken, die rechte auf der Stirn. Die Handballen zeigen zu Ihnen hin (Foto, s. unten). Diese Position verbindet Stammhirn und Drittes Auge; sie stärkt Intuition und Urvertrauen und ist besonders gut geeignet nach Unfällen, bei Schock und Vertrauensverlust.

Sonderposition 8 für den Kopf
Körper- und Handhaltung sind nahezu identisch mit Sonderposition 7. Die linke Hand liegt unter dem Hinterkopf, die rechte aber über dem

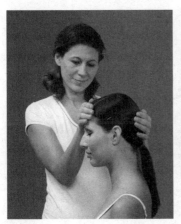 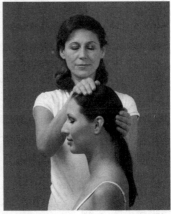

Sonderposition 7 (links) stellt das Urvertrauen wieder her.
Sonderposition 8 (rechts) bewirkt innere Ruhe und Harmonie.

Scheitel (Foto, s. Seite 131). Die Position verbindet Stammhirn und Großhirn und bewirkt Balance, Ruhe und Gelassenheit.

Sonderposition 9 für die Vorderseite
Bei den Positionen 9 und 10 sitzen oder stehen Sie auf der linken Seite des Behandelten.

Legen Sie Ihre rechte Hand auf die linke, die linke auf die rechte Brust des Empfangenden. Die rechte Hand zeigt zur Brustmitte, die linke zur rechten Außenseite (Foto, s. unten). Bronchien und Brustdrüsen wird so Energie zugeführt. Stauungen lösen sich.

Sonderposition 10 für die Vorderseite
Legen Sie Ihre Hände im Beckenbereich auf die Körperaußenseiten des Behandelten auf; Ihre linke Hand liegt auf der linken Seite, mit

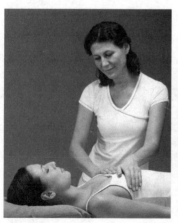 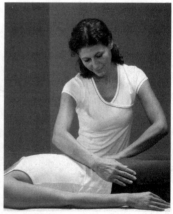

Sonderposition 9 (links) löst Stauungen der Brustdrüsen.
Sonderposition 10 (rechts) bei Blut- und Lymphstau in den Beinen.

den Fingern nach oben zeigend. Ihre rechte Hand ruht auf der rechten Seite, die Finger zeigen nach unten (Foto, s. Seite 132). Diese Position auf dem so genannten Rollhügel hilft bei Blut- und Lymphstauungen in den Beinen.

Sonderposition 11 für die Rückenseite
Bei der ersten Rückenposition stehen Sie auf der rechten Seite des Empfangenden. Legen Sie Ihre linke Hand quer auf das Kreuzbein, die rechte Hand zwischen die Schulterblätter auf die Rückseite des Herzchakras. Die Handballen zeigen zu Ihnen (Foto, s. unten).

Diese Position sorgt für einen guten Ausgleich des Energieflusses zwischen Sakralchakra und Herzchakra und ist gut geeignet, die oft durch Schuldgefühle entstehenden Blockaden und Spannungsschmerzen im Kreuzbeinbereich aufzulösen.

Sonderposition 11 (links) bei Spannungsschmerz im Kreuzbein.
Sonderposition 12 (rechts) gegen Hexenschuss.

Sonderposition 12 für die Rückenseite
Bei der abschließenden Rückenposition stehen Sie auf der rechten Seite des Empfangenden. Legen Sie die rechte Hand auf das Kreuzbein, die linke zunächst auf die linke und dann auf die rechte Fußsohle (Foto, s. Seite 133). Lassen Sie Ihre Hände dabei jeweils so lange liegen, bis Sie spüren, dass die gestaute Energie vom Kreuzbein zu den Füßen abfließt. Diese Position ist gut geeignet bei Ischias, Hexenschuss und Spannungsschmerzen im Kreuzbereich.

Abschluss des Reiki-Grundseminars

Wer den Grundkurs absolviert hat, kennt nicht alle Anwendungsmöglichkeiten von Reiki, aber er kann die Energie schon gut einsetzen. Nun heißt es: üben, üben, üben. Nur in der Anwendung machen Sie die Erfahrungen mit der Reiki-Energie, die Sie lernen und wachsen lassen. Deshalb sollte der Besuch des Aufbaukurses auch nicht zu schnell danach erfolgen.

Nachdem alle Handpositionen geübt sind, die Teilnehmer eine Partnerbehandlung getauscht und die vier Energieaktivierungen erhalten haben, bekommen sie eine Urkunde als Teilnahmebestätigung im Grundkurs.

Ich bespreche mit ihnen noch eine an die heutige Zeit angepasste Neufassung der Reiki-Lebensregeln und gebe Tipps für die Zeit nach dem Reiki-Seminar.

Modernisierte Reiki-Lebensregeln

»*Gerade heute freue dich.*
Gerade heute erwarte das Gute.
Sei freundlich zu allen Wesen.
Verdiene dein Brot ehrlich.
Sei dankbar für die vielen Segnungen.«

Informationen für die Zeit danach

Reaktionen auf den Grundkurs

Nach dem Reiki-Seminar kommt es durch die Initiation in die Reiki-Kraft zu einem ca. 21-tägigen Reinigungsprozess auf körperlicher und seelischer Ebene. In gewisser Weise ist das ähnlich wie beim Fasten. Während dieser Zeit kann

- der Stuhlgang sich verändern in Farbe und Geruch,
- der Urin vorübergehend einen penetranten Geruch annehmen,
- durch die Blockadenlösung und frei gewordene Gefühle eine unverarbeitete Situation oder Erfahrung aus der Vergangenheit wieder hochkommen,
- Ihr Traumerleben intensiviert sein,
- Ihr Appetit sich verändern,
- die Zigarette Ihnen nicht mehr schmecken.

Ihre Stoffwechselvorgänge sind intensiviert, Gifte werden vermehrt ausgeschieden. Sie unterstützen Ihren Körper, indem Sie viel trinken, am besten klares, frisches Wasser oder Kräutertee. Trinken Sie ruhig über den Durst, das wird Ihr Wohlbefinden steigern. Führen Sie ein Traumtagebuch für die seelische Müllabfuhr.

Falls Sie regelmäßig Medikamente einnehmen müssen, beispielsweise Insulin, kann es zu einer Änderung des Bedarfs kommen, der sich nach einigen Tagen aber auf einem niedrigeren Niveau einpendeln wird. Sicherheitshalber sprechen Sie mit Ihrem Arzt und lassen von ihm die Werte im Labor überprüfen.

Reiki-Selbstbehandlung

Während der ersten 21 Tage und später – so oft es Ihnen möglich ist – behandeln Sie sich in Zukunft selbst mit Reiki. Es wird Ihr Wohlbefinden erheblich steigern. Lassen Sie die neu in Ihnen geweckte Gabe der Energieübertragung nicht zu einem Instrument werden, in Selbstvergessenheit nur anderen helfen zu wollen.

Phyllis Lei Furomoto sagte: »You are the number one.« Sie kommen an erster Stelle. Wenn Sie dann noch Zeit und Lust haben, behandeln Sie Ihre Familie, Ihre Freunde und Menschen, die Sie darum bitten.

Während der ersten Wochen ist es auch ratsam, mit einem der Seminarteilnehmer im wöchentlichen Turnus eine Ganzbehandlung zu tauschen und auf diesem Weg Erfahrungen zu sammeln. Sie können das, was Sie während der Behandlung erfahren, mit Ihrem Übungspartner besprechen.

Reiki-Behandlung für andere

Bei Behandlungen von Entzündungen, Grippe und fieberhaften Erkrankungen etc. kann es zu einer Erstverschlimmerung kommen, wie sie auch bei homöopathischen Behandlungen eintritt. Danach folgt aber oft eine sehr schnelle Heilung.

Bei der Erstbehandlung mit Reiki sollten Sie vier Ganzbehandlungen an vier aufeinander folgenden Tagen geben. Für eine Weiterbehandlung ist dann eine wöchentliche Behandlung ausreichend.

Schutzübungen

Unser bester Schutz ist eine runde, gesunde Ausstrahlung, denn das ist auch unser energetischer Schutzmantel. Nicht immer aber leben wir harmonisch und mit uns selbst im Gleichgewicht. Durch den Umgang mit feinstofflicher Energie werden Sie immer empfindsamer werden für die Energien anderer Menschen und Umgebungen. Sie werden spüren lernen, wann Sie verstärkt Energie benötigen.

Da Teilnehmer in meinen Reiki-Kursen immer wieder nach Schutzübungen fragen, möchte ich Ihnen hier einige Beispiele zeigen, wie Sie sich schützen können. Wenden Sie diese Übungen an, wenn Sie das Gefühl haben, dass Ihnen Energie abgezogen wird oder wenn Sie Schutz brauchen. Das kann in überfüllten Räumen, beim Einkaufen in der Stadt oder auch im Gespräch mit Menschen sein, die Sie überfordern.

- **Die Schutzblase:** Sie können sie für sich oder eine Gruppe von Menschen anwenden, aber auch für Gegenstände wie z.B. Ihr Auto: Visualisieren Sie den zu schützenden Menschen oder das Objekt. Stellen Sie sich den Raum vor, in dem sich der zu schützende

Mensch oder das Objekt bequem aufhalten kann. Hüllen Sie diesen Raum in eine transparente, elastische Hülle – wie in einen Luftballon – ein. Der Betreffende kann sich darin frei bewegen, er kann hindurchsehen, aber nichts kann gegen seinen Willen eindringen. So ist er sicher und geschützt. Die Wirkungsdauer der Schutzblase lässt sich zeitlich festlegen, indem Sie sagen: »Dieser Schutz besteht für die Dauer von ... Stunden.« Oder: »Der Schutz besteht während des Treffens, der Konferenz ...« Falls Sie die Dauer des Schutzes nicht zeitlich festlegen, wird die Schutzdauer auch ohne Ihr Zutun langsam nachlassen. Durch eine erneute Visualisierung können Sie den Schutz immer wieder neu aufbauen.

- **Die Pyramide:** Visualisieren Sie ein Viereck. Stellen Sie sich selbst oder einen anderen Menschen, den Sie schützen wollen, darauf. Ziehen Sie – vor Ihrem geistigen Auge – die Wände hoch, eine nach der anderen. Die Wände sind aus transparentem Material in Dreiecksform gebildet, deren Spitze nach oben zeigt. Wenn die Pyramide fertig ist, lassen Sie goldenes Licht einströmen, bis sie ganz damit ausgefüllt ist. Die Pyramide ist ein starker Schutz. Alles, was Ihnen schaden könnte, wird an ihrer Spitze abprallen. Ein solcher Schutz, der für bestimmte Situationen im Leben sehr wichtig ist, verliert an Bedeutung, wenn die Situation durchgestanden ist. So kann es leicht geschehen, dass Sie vergessen, den visualisierten Schutzraum wieder aufzuheben. Das ist natürlich. Der Schutzraum wird von selbst verblassen, wenn seine Aufgabe erfüllt ist. Zur zeitlichen Fixierung lesen Sie bitte oben unter »Schutzblase« nach.

- **Aura schließen:** Wenn es einmal schnell gehen soll mit dem Selbstschutz können Sie zeitweise Ihre Aura schließen. Es gibt Menschen und Räume sowie Situationen, die uns sehr fordern. Sie rauben uns Energie. Oft wird einem dieser Vorgang nicht bewusst. Wir fühlen uns nur nach dem Ereignis völlig ausgelaugt. Sollten Sie in einer Situation plötzlich das Gefühl haben, dass Ihre Energie schwindet, legen Sie Ihre Hand auf den Solarplexus, und sprechen Sie im Stillen den Satz: »Ich schließe meine Aura.« Sie werden sehen, dass Gedanken Schöpferkraft haben. Diese Übung bewirkt, dass Ihre Energie nicht abgezogen werden kann. Sie entscheiden dann bewusst, wem oder was Sie in welchem Umfang Ihre Aufmerksamkeit – und d. h. Ihre Energie – schenken wollen. Auch hier gilt, dass dieser besondere Schutz nur für die Situation gilt, in der Sie ihn anwenden; danach wird er von selbst verblassen.

Räume reinigen

Wie Sie mit Reiki Räume energetisch reinigen können, erfahren Sie erst im zweiten Reiki-Grad. Eine Möglichkeit, auch ohne Anwendung der Symbole Räume zu reinigen, ist das Räuchern mit Salbei. Dieses Kraut hat eine reinigende und klärende Wirkung und wird auch bei indianischen Heilritualen verwendet.

Das Reinigen von Räumen empfiehlt sich z. B. beim Einzug in eine neue Wohnung, in fremden Zimmern, in Hotel- oder Seminarräumen, auch in Ihrer Wohnung, wenn es einmal hoch herging oder »dicke Luft« nach einem Streit herrscht.

Ich benutze zum Räuchern griechischen Bergsalbei. Sie können aber auch Blätter vom Salbeitee verwenden. Füllen Sie eine Handvoll Blätter in eine Keramikschale oder Muschel, drücken Sie zwischen

Zeige- und Mittelfinger die Blätter zusammen, und zünden Sie sie an. Die Flamme blasen Sie wieder aus und lassen die Blätter verkohlen. Tragen Sie das Gefäß durch den Raum, und fächeln Sie den Rauch in alle Ecken.

Aufbaukurs Reiki – zweiter Grad

Für eine wirksame Anwendung von Reiki ist der Besuch des Grundseminars voll und ganz ausreichend. Die Kenntnisse des ersten Grades geben Ihnen ein gutes Instrument in die Hand, Reiki in Ihrem Alltag anzuwenden: zur Stärkung Ihrer eigenen Selbstheilungskräfte und der Ihrer Mitmenschen. Reiki wird so immer weniger zum Tun und immer mehr zum Bestandteil Ihres Lebens selbst.

Sollten jedoch die vielen guten Erfahrungen mit Reiki Ihr Interesse wecken, weiterzuarbeiten und mit dieser Heilmethode zu wachsen, können Sie Ihre Grundkenntnisse durch den Besuch des Aufbaukurses erweitern und vertiefen.

Voraussetzungen für den Aufbaukurs

Voraussetzung für den Besuch des Zweiten-Grad-Seminars ist der Besuch des Grundseminars. Die Initiation in die Reiki-Kraft, das Geschenk von Reiki, ist als eine Art Vorschuss anzusehen. Erst durch die Praxis wird es erleb- und erfahrbar. Darum sollten Sie sich zwischen dem Besuch des Reiki-Einführungsseminars und dem zweiten Semi-

nar genügend Zeit geben, um Ihre eigenen Erfahrungen in der Selbst- und der Fremdbehandlung zu sammeln.
- Ideal wäre eine Anzahl von 15 bis 20 Partnerbehandlungen und eine tägliche Selbstbehandlung.
- Der Zeitraum zwischen dem ersten und zweiten Reiki-Grad sollte mindestens drei Monate betragen. Lassen Sie sich von der Reiki-Energie leiten, und vertrauen Sie Ihrer Intuition. Sie werden spüren, wann für Sie der richtige Zeitpunkt gekommen ist.

Bevor Sie sich zu einem Reiki-Aufbaukurs anmelden, ist es gut, sich Gedanken darüber zu machen, was Sie in Ihrem Leben verändern wollen, welche Strukturen für Sie überholt sind, in welcher Weise Sie Ihre Lebensbedingungen erweitern wollen. Vielleicht ist es auch möglich, in einem Vorgespräch mit Ihrem Reiki-Lehrer Klarheit darüber zu gewinnen. Ein Vorgespräch ist ebenfalls sinnvoll, wenn Sie den zweiten Reiki-Grad bei einer anderen Reiki-Lehrerin erlangen wollen. Hetzen Sie bei Reiki nicht von einem Grad zum andern; lassen Sie sich Zeit, und lernen Sie den Umgang mit der Reiki-Energie erst einmal ausgiebig kennen. Der Weg ist hier auch ein Ziel.

Drei Einheiten im zweiten Grad

Das Reiki-Aufbauseminar gliedert sich in drei Zeiteinheiten à drei Stunden und findet wie der Grundkurs an einem Wochenende statt. Sie erhalten während des Kurses drei Symbole von Reiki, die der Geheimhaltung unterliegen. In den meisten Reiki-Schulen beginnt das zweite Reiki-Seminar am Freitagabend und endet am Samstagabend.

Aufgrund meiner Erfahrung, dass die Teilnehmer am Freitagabend müde und wenig aufnahmebereit, zudem durch Verkehrsstaus oft am pünktlichen Ankommen gehindert sind, bin ich dazu übergegangen, die Seminare erst am Samstagmorgen beginnen zu lassen. Sie enden dann am Sonntagmittag. Es ist gut, sich den Rest des Sonntags für die Verdauungsarbeit, das Einsinkenlassen der Erfahrungen und Erlebnisse des Aufbauseminars freizuhalten.

Grundprinzipien und Grundlagen

In dem Wochenendkurs erhalten Sie die Symbole und Mantras von Reiki. Die Symbole sind wie Schlüssel zu verwenden, denn sie öffnen Türen in neue Räume. So ist es mit Hilfe der Symbole möglich, unsere Grenzen von Raum und Zeit zu überwinden, auch die Grenzen unserer Vorstellung. Fernheilung ohne jeden Körperkontakt findet mit ihnen statt. Diese Symbole sind hier jedoch nicht näher beschrieben, da sie ausschließlich während einer Initiation bekannt gegeben werden. Die Mantras sind der klangliche Ausdruck der Symbole. Vielleicht kennen Sie den Begriff »Mantra« bereits aus östlichen Philosophien. Ein Mantra ist eine Folge von Lauten, die, während der Meditation angewendet, diese vertiefen kann.

Sie erhalten eine Einführung in die Kraft der Gedanken und lernen:
- Reiki in Fernbehandlungen anzuwenden,
- mit Reiki Räume zu reinigen bzw. zu energetisieren,
- im Mentalbereich alte einschränkende Muster zu löschen bzw. lebensfördernde neu zu programmieren,
- die Symbole als Energieverstärker anzuwenden.

Die zweite Einweihung
Zum zweiten Reiki-Seminar gehört auch eine neue Reiki-Einweihung. Sie erhalten damit eine weitere Energieaktivierung, die eine Öffnung des Solarplexus- und des Sakralchakras bewirkt. Erst durch die Einweihung in den zweiten Grad erhalten die Ihnen hier im Aufbaukurs gegebenen Symbole ihre Wirkung.

Der Einweihungsweg

Reiki ist ein Einweihungsweg im Sinn der alten Mysterienschulen. Die Mystanten und Mystantinnen, also Schüler, wurden schrittweise in die Geheimnisse des Lebens eingeweiht. Das Wissen, das sie erlangten, war streng geheim. Viele alte Statuen oder Abbildungen von Mystanten geben Zeugnis davon. Der rechte Zeigefinger solcher Skulpturen, manchmal auch die rechte Hand, berühren den Mund, als ob sie ihn verschließen wollten.

Die notwendige Geheimhaltung
Je tiefer unsere Einsicht in die Zusammenhänge des Lebens ist und je differenzierter die Werkzeuge sind, die uns dazu in die Hand gegeben werden, umso wichtiger wird es, schweigen zu können. Zur Einweihung in die Geheimnisse des Reiki gehört der Einweihungsweg, auf dem die Schüler bestimmte Aufgaben und Prüfungen meistern müssen.

Ohne diesen Einweihungsweg ist die Gefahr des Zauberlehrlings gegeben, der Dinge auslöst, deren Konsequenzen er nicht überblicken und auch nicht aushalten kann. Je größer unser Wissen ist, umso größer wird auch unsere Verantwortung.

Die Einweihung in den zweiten Reiki-Grad

Durch die Einweihung in den zweiten Grad werden das Solarplexus- und das Sakralchakra gereinigt, sodass die Energie hier wieder frei fließen kann. Bis dahin unbewusste, nicht erledigte Kindheitserlebnisse können dann plötzlich auftauchen und bewusst werden. Darum ist es gut, Entwicklungsschritte im Umgang mit Reiki nicht zu überspringen und sich die Zeit des Nachreifens zu gönnen.
Durch die Einweihung in den zweiten Grad wird auch die Intuition verstärkt, das Hellsehen wird gefördert. Insgesamt führt diese Einweihung den Einzelnen zu mehr Bewusstheit und Wachheit im Leben.

Das Ritual der Einweihung
Während der Einweihungs- oder Initiationsrituale halten die Reiki-Schüler die Augen geschlossen. Das dient zum einen der geistigen Versenkung und dem besseren Spüren der inneren Vorgänge, zum anderen aber auch der Geheimhaltung der heiligen Symbole und damit dem Schutz der Schüler und Schülerinnen.

Der Umgang mit der Reiki-Energie muss erst langsam wachsen und reifen. Reife aber braucht Zeit. Durch die Einweihung in den ersten Reiki-Grad wird vieles in Bewegung gebracht, was ins Leben integriert werden muss.

Die Reiki-Symbole und -Mantras

Der Geheimhaltungsregel des Reiki-Wegs entsprechend werde ich in diesem Buch nicht die Symbole nennen oder im Einzelnen besprechen. Ich möchte Ihnen aber die Möglichkeiten aufzeigen, die Ihnen durch die Symbole zur Verfügung stehen.

Symbole erfahren
Im zweiten Reiki-Grad werden Sie mit drei der heiligen Symbole vertraut gemacht. Diese Symbole sind starke Werkzeuge. In dem Seminar meditieren Sie zunächst mit diesen Zeichen, um ihre Bedeutung zu erfahren. Schon das Meditieren kann intensive Prozesse auslösen.

Zum weiteren Kennenlernen werden die Symbole dann in ihrer Form gezeichnet. Hilfreich ist es auch, sie im Raum abzuschreiten oder sie zu tanzen, um sie körperlich zu erfahren.

Klingende Mantras
Zu jedem Symbol als heiligem wie heilendem Zeichen gehört ein Mantra als heiliger und heilender Klang. Das Mantra besteht aus einer Folge von Buchstaben, die sich zu Wörtern fügen. Der Inhalt der Wörter ist nicht in unsere Sprache übersetzbar. Er entspricht vielmehr der klanglichen Schwingungsfrequenz des Symbols.

Symbol und Mantra wirken zusammen auf der gleichen Schwingungsebene. Erkenntnismäßig sind die Symbole relativ schnell erlernbar, in ihrer Bedeutung erfahren können Sie sie aber erst, wenn Sie sie mit allen Sinnen aufnehmen und letztlich selbst zum Symbol werden.

Die Symbole anwenden

Wer gelernt hat, mit der universalen Lebensenergie bewusst umzugehen, hat mehr vom Leben. Er ist unliebsamen Situationen oder ungeliebten Menschen nicht mehr hilflos ausgeliefert.

Die genauen Techniken für die Anwendung der Symbole wird Ihnen Ihr Reiki-Lehrer im Seminar zeigen und mit Ihnen üben. Wie schon ausgeführt, erhalten die Symbole erst in Verbindung mit der Unterweisung und der Einweihung in den zweiten Grad ihre Wirksamkeit. Es würde Ihnen also nichts nützen, hier mit der Technik vertraut gemacht zu werden und zu arbeiten. Deshalb beschreibe ich nur beispielhaft, was mit Hilfe der Symbole alles möglich ist.

Das erste Symbol

Es verkörpert eine starke Kraft, es wirkt aktivierend und reinigend. Sie setzen es ein, wenn Sie Menschen oder Dinge mit Energie aufladen wollen.

- Mit dem ersten Symbol können Sie Räume reinigen und mit Lebensenergie aufladen.
- Sie können es auch in Ergänzung zu Ihren bisherigen Reiki-Anwendungen als Verstärker bei der Behandlung einsetzen.

Das zweite Symbol

Es ist ein Schlüssel für die mentale Ebene, also für die Ebene des Geistes. Es wird immer in Verbindung mit dem ersten Symbol angewandt. Sie können es einsetzen sowohl zur Veränderung als auch zur Neuprogrammierung überholter, einschränkender Glaubenssätze oder Konventionen, die Sie überwinden möchten.

Das zweite Symbol bewirkt auf der geistigen Ebene Balance, es bringt in Ordnung, was aus dem Gleichgewicht geraten ist. Deshalb können Sie es auch ohne Worte einsetzen, im Vertrauen darauf, dass alles, was geschieht, Ihrem höchsten Wohl dient.

Das zweite Symbol beeinflusst den Geist
Die Deprogrammierung mit dem zweiten Symbol ist einfach. Das zweite Symbol stellt die direkte Verbindung her zu der höheren geistigen Instanz im Menschen, die wir auch »Höheres Selbst« nennen. Es spricht die spirituelle Ebene unseres Daseins an.

Eine Anwendung des zweiten Symbols lässt Sie die Dinge von einer höheren Warte aus sehen, in der es keine Bewertungen mehr gibt. Es hilft, die unbewusst wirkenden alten Denkmuster zu erkennen und sie dann aufzulösen. So befreit es Sie von dem zwanghaften Wiederholen Leid verursachender Situationen.

Positive Leitmotive finden
Mit dem zweiten Symbol können Sie positive, Sie unterstützende Leitsätze neu programmieren, beispielsweise: »Ich bin in Ordnung – und wenn ich es bin, ist es auch meine Welt.« »Ich liebe mich.« »Ich schätze mich als wertvoll ein.« »Ich erkenne mich an.« »Ich vertraue mir.« Oder

einfach nur: Vergebung, Liebe, Licht. Das bedeutet: Ich vergebe mir und anderen und öffne mich der Liebe und dem Leben.

Sie können das zweite Symbol auch für Ihre Mitmenschen anwenden. Voraussetzung dafür ist, dass Sie ihren Auftrag und ihre Erlaubnis dazu haben. In einem Vorgespräch werden Sie miteinander klären, was gebraucht wird; dann finden Sie auch die passende Affirmation, d. h. den positiven Leitsatz für den Betreffenden.

Diese Mentalbehandlung sollte in Rückbindung zum göttlichen Willen durchgeführt werden: »Es geschehe zum Wohle des Ganzen.«

Ein Beispiel aus der Praxis

Dazu, wie man ein persönliches Leitmotiv findet, möchte ich eine persönliche Erfahrung anfügen: Vor Jahren bat mich eine Freundin um eine Serie von Reiki-Behandlungen – einmal, um sich selbst etwas Gutes zu tun, zum anderen aber auch, um ein chronisches Leiden zu lindern. Sie ist Ärztin und Heilerin, in vielen Bereichen meine Lehrerin, und ich schätze sie sehr. Ich wollte es besonders gut machen, und am Abend vor der ersten Behandlung überlegte ich, welche Affirmation, welcher positive Leitsatz wo und wie angewendet wohl am besten wäre. Die Antwort kam im Traum in Form eines Lehrsatzes zu mir, den ich hier an Sie weitergeben möchte: »Je weniger du tust, desto mehr kann Reiki aus sich selbst wirken.«

Gedanken leiten

Gedanken leiten Handlungen ein. Leitgedanken sind aber oft Leid verursachende Impulse. Erziehung, soziales Umfeld und gesellschaftliche Einflüsse haben in den meisten Menschen ein Feld von abwertenden Denkmustern geschaffen. Sie sind uns zumeist nicht bewusst, aber sie haben enorme Wirkungen.

Negative Einstellungen prägen

Wenn Sie ein neues Projekt beginnen mit dem Gedanken »Ich schaff es nicht«, so wird die entsprechende Auswirkung nicht lange auf sich warten lassen. Viele solcher negativen Sätze laufen wie alte Tonbänder mit immer demselben Text durch unser Gehirn. Sie beginnen meist mit »Du bist nicht...«, »Du kannst nicht...«, »Du wirst niemals...«.
Alle besitzen wir diese Leitsätze, die uns das Gefühl von Wertlosigkeit vermitteln und die uns nicht selten leiden lassen.
Wir haben sie verinnerlicht und wenden sie in der Ich-Form an: »Ich bin nicht...«, »Ich kann nicht...« usw. Aus diesem Unwertgefühl heraus werden Angst, Versagens- und Schuldgefühle geboren und Sätze, die diese Gefühle noch weiter tief in uns verankern.
Z.B.: »Ich habe nicht genug getan, gegeben, geliebt etc.« Diese Gedanken jedoch schwächen unser System, machen uns kraftlos und engen uns ein; sie schränken unsere Kreativität ein.

Positive Gedanken fördern

Gedanken besitzen Schöpferkraft, und Leitsätze haben eine magische Wirkung, eine Wortmagie. Mit Gefühlen der Wertlosigkeit und Gedanken des Mangels werden wir aber nur eine Welt um uns erschaffen, die diese Gedanken noch bestätigt. Mit Gedanken der Liebe zu uns selbst und den Geschöpfen dieser Erde werden wir dagegen Ereignisse anziehen, die unser Leben mit Glück und Freude erfüllen.

Das dritte Symbol

Es ist der Schlüssel zur Raum-Zeit-Ebene. Unsere Vorstellung von Zeit als einem Kontinuum, einer aufbauenden Folge von Vergangenheit – Gegenwart – Zukunft ist ein Produkt des menschlichen Geistes, das in unserer Welt und unseren Vorstellungen seinen Ausdruck findet.

Zeit erleben und messen

Zeit wird damit zu einer kalkulierbaren, messbaren Größe in unserer Realität, aber auch zu einer Begrenzung, denn mit dem Messen der Zeit erfahren wir unsere Endlichkeit: Alles hat einen Beginn, ein Werden und ein Vergehen, also ein Ende.

Das bestätigt unsere Erfahrung auf der körperlichen Ebene. Die körperliche Ebene ist aber nur eine von vielen Realitäten. Unserer Fantasie z. B. sind keine Grenzen gesetzt. Da können wir fliegen, in ferne

Länder reisen, uns eine schöne heile Welt erträumen. Sind das nur Seifenblasen? Die gesamte Unterhaltungsindustrie lebt davon, und Träume machen unser Leben bunt.

Tatsächlich gibt es auf der Ebene des Geistes keine Grenzen – ausgenommen die, die wir selbst errichten. Mit anderen Worten, es kann immer nur so viel in unserem Leben geschehen, wie wir selbst für möglich halten.

Raum und Zeit überschreiten
Das dritte Symbol eröffnet Ihnen die Möglichkeit, die grenzenlose Raum-Zeit-Dimension des Geistes als Realität zu erfahren.

Mit beiden Beinen im Hier und Jetzt verankert, können Sie gleichzeitig die Reiki-Energie in Ihrer Vergangenheit und Zukunft wirken lassen. Oder Sie schicken sie zu Personen, die Unterstützung und Heilung brauchen. Auch bei diesem Vorgang sind Sie selbst einfach nur der Kanal für die göttliche Heilenergie. Wer sich auf Reiki einlässt, lässt die universale Lebensenergie wirken. Zwar handelt der Reiki-Meister während einer Behandlung, doch es ist die Energie, die heilt.

Die Reiki-Fernbehandlung

Bei der Reiki-Fernbehandlung werden alle drei Symbole des zweiten Grades angewandt; sie dauert ca. 20 Minuten. Der Sender nimmt mit Hilfe eines Fotos und dem Namen Kontakt mit dem Empfangenden auf. Die Symbole öffnen den Raum über jede Distanz. Sowohl Sender als auch der Empfangende können dabei ganz deutlich das Fließen der Reiki-Energie spüren.

Die sofortige Wirkung der Reiki-Fernbehandlung ist mit dem begrenzten menschlichen Verstand schwer zu fassen. Darum ist es gut, für die Fernbehandlung mit dem Empfangenden eine feste Zeit zu vereinbaren, in der er empfangs- und aufnahmebereit ist. Nach der Behandlung sollten Sie sich telefonisch darüber austauschen.

- Eine Fernbehandlung können Sie z. B. frisch Operierten und anderen Kranken ins Krankenhaus schicken; sie wird ihre Kräfte steigern und die Heilung fördern. Eine Fern-Reiki-Behandlung ist sehr wirksam.
- Zu Beginn eines grippalen Infektes oder einer Darmgrippe beispielsweise kann die Fernbehandlung dazu führen, dass das Fieber innerhalb einer Stunde sehr schnell und hoch ansteigt; selbst zu Tageszeiten, in denen Fieber üblicherweise niedrig oder ganz gesunken ist. Danach verschwindet es völlig. Am nächsten Tag schon fühlen sich die so Behandelten oft wieder gesund.

Fern-Reiki für Räume
Das dritte Symbol hebt die Begrenzung des Raums auf. Sie können Ihrer Familie Reiki schicken, auch wenn sie sich gerade am anderen Ende der Welt aufhält. Mit der Fernbehandlung unterstützen Sie auch Menschen in schwierigen Situationen, z. B. vor oder in Prüfungen und bei Operationen, äußerst wirkungsvoll.

Vor Operationen, in Stress- und Prüfungssituationen haben viele Angst. Befürchtungen werden wach, die einhergehen mit negativen Gedanken, die uns einengen. Wo Angstenergie einen Raum erfüllt, da bleibt die Energie stehen, d. h., sie ist nicht mehr im Fluss. Die Menschen verharren dann im eigenen Angstsystem und verlieren den Kontakt zueinander.

Prüfungsräume und Gerichtssäle z. B. sind energetisch oft verschlossen. Das Einfließen der Reiki-Energie nimmt dem Raum die negative Spannung wieder und lädt ihn mit positiver Energie auf. Die Menschen können dort dann wieder gelöst und humorvoll kreative Lösungen finden.

Ein Beispiel aus der Praxis
Eine junge Frau, die an der Universität eine Prüfung absolvieren musste, bat mich, sie zu unterstützen. Sie hatte erfahren, dass der Prüfer, dem sie sich stellen musste, als besonders anspruchsvoll und hart bekannt war. Natürlich verstärkte das ihre schon vorhandene Prüfungsangst.

Ich stellte mit Hilfe von Reiki einen Fernkontakt zu dem Prüfungsraum her. Deutlich konnte ich zunächst die Strenge und Kälte des Raums spüren. Während ich Reiki in den Raum schickte, veränderte er sich, wurde immer heller und freundlicher, und schließlich musste ich lachen. Ich konnte eine humorvolle, gelöste und freundliche Atmosphäre wahrnehmen.

Ich rief die Studentin am Vorabend der Prüfung an und sagte ihr, sie brauche sich keine Sorgen machen, die Prüfung werde in einer guten Atmosphäre stattfinden.

Am Abend nach der Prüfung rief sie mich an und bedankte sich. Sie erzählte mir Folgendes: Als sie zur Prüfung gerufen wurde, kam ihr die Sekretärin mit einem Tablett entgegen, auf dem Kaffee und andere Getränke für das Prüfungskomitee standen. Sie drückte es ihr in die Hände, weil sie zur Toilette musste. Die Studentin, sonst eher zurückhaltend, betrat den Prüfungsraum mit dem Tablett in der Hand. »Na toll, jetzt bringen unsere Studentinnen schon Kaffee zur Prüfung mit«, sagte der Prüfer, alle lachten, die Atmosphäre war entspannt und von Humor getragen. Die Studentin konnte angstfrei das Gelernte vortragen und mit einem guten Ergebnis abschließen.

Fern-Reiki für die Straße
Fern-Reiki können Sie auch auf die Autobahn schicken, bevor Sie losfahren. So unglaublich es scheint, es bewirkt einen rücksichtsvolleren Umgang der Menschen miteinander, und es mindert den Stress der Autofahrer. So ist das Senden von Reiki-Energie auf die Autobahn keine eigennützige Angelegenheit, denn wenn es auf unseren Straßen weniger Staus und Unfälle gibt, dient das dem Wohl aller.

Fern-Reiki in die Vergangenheit
Mit Fern-Reiki ist es auch möglich, Licht und Liebe in vergangene Situationen zu schicken, beispielsweise in schmerzliche Kindheitserlebnisse. Zugegebenermaßen macht das die Vergangenheit nicht ungeschehen. Die Liebe und Aufmerksamkeit aber, die wir unserem inneren Kind schenken, wird zu unserer Heilung beitragen und uns in Zukunft positiv beeinflussen. Auch wenn die Kindheit schwer war und das Leben herausfordernd erscheint, für unsere Gedanken sind wir selbst verantwortlich.

Von einer höheren Warte aus und in größeren Zusammenhängen gesehen gibt es keine Opfer und Täter, nur Gesetzmäßigkeiten. Ereignisse, die uns die Möglichkeit geben, unser Menschsein zu entwickeln. Darum ist es wichtig, Verantwortung für unsere Gedanken und unser Tun zu übernehmen, denn all unser Tun hat Auswirkungen und auch Rückwirkungen.

Die eigenen Gedanken lenken

Nehmen wir als Beispiel einen Gedanken des Zorns, einen verletzenden Gedanken. Er entsteht in uns und verletzt deshalb zunächst uns selbst, bevor er verletzend in die Außenwelt tritt und dann wieder eine entsprechende Rückwirkung auslöst. Der Satz »Ich ärgere mich« zeigt deutlich den selbstverletzenden Fluss der Energie. Vergebung ist der Weg, den Kreislauf von Verletztwerden und Verletzen zu verlassen. Mit dem Satz »Ich vergebe mir, dass ich diesen verletzenden Satz in mich eingelassen habe« übernehmen Sie die Verantwortung für Ihre Gefühle. Wenn Sie sich selbst vergeben, kreieren Sie neue Möglichkeiten des menschlichen Miteinanders.

Fern-Reiki in die Zukunft

Es ist auch möglich, Fern-Reiki in Situationen zu schicken, deren Zeitpunkt noch nicht feststeht, beispielsweise eine Entbindung. Die Reiki-Energie wird dann – sozusagen auf einer kosmischen Datenbank – zwischengelagert und kommt zum gegebenen Zeitpunkt bei der Empfangenden an.

Sie können auch Reiki in zukünftige Projekte und Vorhaben schicken, auf Konferenzen und Meetings, für Ihre Heilung und die Klarheit Ihrer Gedanken. Wichtig ist, dass Sie dabei keine egoistischen Ziele verfolgen, sondern dass alles in Rückbindung zum großen Ganzen geschieht.

So funktioniert Fern-Reiki

Eine Fern-Reiki-Behandlung für Menschen, Tiere oder Pflanzen dauert ca. 10 bis 20 Minten. Der Reiki-Sender schenkt während der ganzen Sendezeit ihre volle Konzentration und Aufmerksamkeit dem Empfangenden – sei es Mensch, Tier oder Pflanze. Der Kontakt wird bewusst hergestellt und auch wieder beendet.

Wenn Sie mit Fern-Reiki auf der Mentalebene wirksam werden, gilt das Gleiche, wie schon ausgeführt: Sie dürfen nicht eigenmächtig handeln, sondern müssen immer den Empfangenden der Reiki-Energie um Erlaubnis fragen, die Affirmation, die positive Behauptung, mit ihm absprechen.

Fern-Reiki für Tiere

Fern-Reiki können Sie Ihren Tieren schicken. Ein Beispiel: Der Hund einer Reiki-Schülerin, der schon recht alt war, hatte nach einem operativen Eingriff eine eitrige Entzündung am Ohr, die nicht heilen wollte. Er litt offensichtlich große Schmerzen und ließ sich von niemandem mehr anfassen. Die Eltern meiner Schülerin wollten ihn einschläfern lassen. Sie bat mich, ihm Reiki zu schicken, und nach wenigen Tagen war die Entzündung abgeklungen, die Wunde heilte.

Fern-Reiki für Pflanzen

Ebenso wie Tieren können Sie auch Ihren Pflanzen Reiki schicken. Menschen, die einen grünen Daumen haben, d. h. gut mit Pflanzen umgehen können, wissen, dass Pflanzen besser gedeihen, wenn wir mit ihnen reden. Was dabei geschieht, ist ein energetischer Austausch. Pflanzen trauern, wenn wir längere Zeit verreist sind, wenn sie nicht regelmäßig gegossen werden. Mit Fern-Reiki können Sie Ihre Pflanzen betreuen, indem Sie ihnen gezielt Energie schicken.

Reiki-Kenntnisse auffrischen

Vielleicht gehören Sie zu dem Kreis von Reiki-Praktizierenden, die am Aufbaukurs vor längerer Zeit teilgenommen, inzwischen aber wenig geübt haben. Dadurch sind das Wissen und auch vielleicht die Symbole in Vergessenheit geraten.

Wenn Ihr Interesse wieder erwacht ist, fragen Sie bei Ihrer ehemaligen Reiki-Lehrerin oder Ihrem ehemaligen Reiki-Lehrer an. Vielleicht können Sie in einem Grundkurs oder auch in einem Seminar des zweiten Grades assistieren, um ihr Wissen aufzufrischen und wieder aktiv zu werden.

Bedenken Sie: Die Reiki-Energie geht nie verloren. Und wenn Sie selbst schon die erste oder auch die zweite Einweihung erlebt haben, ist Ihr persönlicher Kanal für Reiki geöffnet, das bleibt er – selbst wenn Sie zeitweise das Interesse an Reiki verloren haben.

Reiki für Frieden und Heilung der Erde

Ebenso wie Sie Menschen, Tieren und Pflanzen Reiki schicken, können Sie auch der Erde Reiki-Energie senden. Wenn dies in der Verbundenheit mit anderen Menschen geschieht, potenziert sich die Wirkung. Hier einige Möglichkeiten, wie Sie sich am Netzwerk des Friedens beteiligen:

- Täglich zwölf Uhr mittags Ortszeit meditieren Menschen auf der ganzen Welt eine Minute lang für den Frieden. Das ist wenig und auch viel. Wo immer Sie mittags um zwölf Uhr sind, schicken Sie einen Gedanken der Liebe und des Friedens in die Welt.
- Jeden Sonntag um sechs Uhr abends meditieren Reiki-Freunde auf der ganzen Welt eine Viertelstunde lang für den Frieden. Sie können sich jederzeit einschalten, indem Sie sich eine Viertelstunde Zeit nehmen, für Ihren inneren und äußeren Frieden still werden und meditieren. Das gemeinsame Tun bzw. Nicht-Tun schafft die Verbindung.
- Jedes Jahr am 31. Dezember um ein Uhr mittags mitteleuropäischer Zeit findet eine Welt-Heilungs-Meditation statt, überall auf dieser Erde. Sie können sich auch hier an die Welle der Heilung anschließen.

Reiki-Meister – dritter Grad

Nach der Typenlehre von C.G. Jung ist der Meister ein Archetypus, also ein inneres Bild im Menschen, das zur Verwirklichung gelangen möchte. Wenn wir uns auf die Suche machen nach einem Meister in der Außenwelt, dann klopft der innere Meister an unsere Tür. Es entspricht der tiefen Sehnsucht in uns, einem Meister zu begegnen, der uns mit Rat und Tat zur Seite steht. Einer, der die tieferen Einsichten hat, von dem wir lernen und an dessen Wissen wir uns anschließen können. Einer, der uns über die Schultern schaut, auf den wir in inneren und äußeren Krisen zurückgreifen können.

Von einem Meister erwarten wir, dass er sein Meisterstück bereits gemacht hat und seine Erfahrungen ihm die innere Ruhe und Gelassenheit geben, mit den Schülern und den an ihn herangetragenen Fragen umzugehen. Auf den Meister übertragen wir auch den Wunsch, uns auf den spirituellen Weg zu führen, einen Weg, den er zuvor gegangen ist und auf dem er sich daher auskennt.

Den Meister, den wir im Außen suchen, finden wir am Ende da, wo er schon immer war: in uns selbst. Die Anlage steckt in jedem von uns.

Die Selbstverantwortung

Den eigenen Meister oder die eigene Meisterin zu leben bedeutet, Verantwortung zu übernehmen. Der Meister verabschiedet sich aus der Rolle, andere für seine persönlichen Lebensumstände, für das, was ihm geschieht, verantwortlich zu machen. Er kennt seine schöpferische Kraft und gestaltet sein Leben täglich neu.

Wenn ich mein Leben gestalte, dann bin ich auch verantwortlich für diejenigen, die mir begegnen. Jeder Mensch, auf den ich treffe, wird zum Spiegel, in dem ich mich erkenne mit meinen Licht- und Schattenseiten.

So verstanden ist ein Bekämpfen anderer und ihrer Ideen nichts weiter als ein wortwörtliches Schattenboxen. Wenn Sie Ihre eigenen Schatten kennen und sie annehmen können, brauchen Sie sie nicht weiter auf andere zu projezieren.

Verantwortlich handeln und Verantwortung wieder abgeben
Verantwortung heißt auch: Ich antworte. Im englischen Wort für Verantwortung zeigt sich das deutlicher: »Responsability« ist die Fähigkeit zu antworten. Sie sind als Mensch Teil der menschlichen Gemeinschaft und dazu aufgefordert, Ihre besonderen Fähigkeiten zum Wohl aller einzusetzen. Sie tragen Mitverantwortung für die Gestaltung des göttlichen Plans auf der Erde: Sie hören den Ruf des Lebens an sich selbst. Sie antworten mit Ihrem Leben und Wirken.

Der Kontakt zu Ihrem inneren Meister verbindet Sie mit dem Willen des Ganzen. Sie lernen, sich als kleinen und wichtigen Teil des Ganzen zu begreifen. Sie stellen sich unter eine höhere Ordnung und geben Verantwortung ab: »Dein Wille geschehe.« Dieser Satz öffnet Ihr Herz und macht Sie frei.

Der Weg des Herzens

In der Mitte Ihres Herzens, Ihres kleinen Universums, ist das Herz des großen Universums anwesend. Der Meisterweg ist der Weg des Herzens. Ein tieferes Schauen in die Zusammenhänge des Lebens führt zur Annahme des eigenen Schicksals und zur Selbstannahme. Wenn Sie sich mit anderen vergleichen, verletzen Sie sich. Sie sind, wer Sie sind; d. h.: Sie sind gut. Ihre Selbstannahme schließt die Annahme Ihrer Mitmenschen mit ein.

Die Entwicklung in den Reiki-Graden
- Im ersten Reiki-Grad, in den Sie eingeweiht werden, geht es um die körperliche Ebene und auch um das, was Sie auf der körperlichen Ebene alles bewegen können.
- Der zweite Reiki-Grad eröffnet Ihnen die Möglichkeit der Klärung und Neugestaltung des Lebens sowohl auf der mentalen als auch auf der geistigen Ebene.
- Der dritte Reiki-Grad ist die Ebene des Herzens, der Weg des aktiven Nicht-Tuns, des Geschehenlassens. Vertrauen entwickeln Sie hier in die Fügungen des Lebens und auch in die innere Meisterin oder den inneren Meister. Der eigenen Intuition vertrauen zu lernen, öffnet das Herz für die höhere Weisheit.

Grundprinzipien und Grundlagen

Wie aus dem zuvor Gesagten hervorgeht, ist der Meisterweg ein individueller Weg. Lehrer und Schüler werden deshalb in einem Vorgespräch abklären, wo der Schüler momentan steht, was seine Motivation ist und wie seine momentanen hauptsächlichen Lernthemen heißen. An einem Wochenende oder in einem zu vereinbarenden Zeitraum werden dann die Themen gemeinsam erarbeitet.

Die Meistereinweihung öffnet das Wurzelchakra und rückt damit unabhängig von dem, was gerade im Leben des Einzelnen wichtig ist, das Beziehungsthema in den Vordergrund mit den Fragen:

- »Wie sehen meine Beziehungen aus ... zum Himmel, ... zu Menschen, ... zu Materie und Besitz?«
- »Wer bin ich ... als Partnerin, ... als Familienmitglied, ... als Freund, ... als arbeitender Mensch, ... als Teil des Ganzen?«
- »Was ist mein Wesenskern, und was ist meine spirituelle Aufgabe?«
- »Wie kann ich zum Wohl des Ganzen wirken?«

Die Meistereinweihung

Der Meister wirft ein Licht auf die existenziellen Fragen:
Wer bin ich?
Was tu ich hier?
Was ist mein Lebensplan?

Die Meistereinweihung öffnet und reinigt das Wurzelchakra und schafft so die Voraussetzung für die Verwirklichung der höheren Ziele auf der Erde. Sie wirft ein starkes Licht auf das Erdendasein und gibt Ihnen die Möglichkeit, Zusammenhänge besser zu sehen und zu verstehen. So ist die Meistereinweihung nicht die Vollendung, sondern der Einstieg in den Meisterweg, der einer Geburt in einen neuen Lebensabschnitt vergleichbar ist: Neun Monate lang wachsen Sie im Bauch Ihrer Mutter heran, um als Mensch geboren zu werden; um Ihr Menschsein zu entfalten, brauchen Sie ein ganzes Leben.

Der Meistergrad als Geschenk
Mit der Einweihung ins Meistersymbol wird der Schüler selbst Meister. Er kann andere in die Reiki-Kraft einweihen; er dient dabei als Kanal. Er erlangt diese Fähigkeit nicht aufgrund intellektuellen Lernens, sondern – wie auch bei den beiden ersten Reiki-Graden – die Initiation in das Meistersymbol ist ein Geschenk.

Der Meistergrad wird nicht erlernt, sondern mit dem Herzen erfahren. Sich ins Meistersymbol zu stellen heißt, Demut zu üben, das eigene Wollen an den großen Willen der Schöpferkraft zu übergeben, zum Werkzeug der überpersönlichen Liebe zu werden. Reiki wird zum Impuls, der das ganze Leben von nun an durchscheint. In und mit Reiki leben heißt in der Liebe sein, aus dem Herzen heraus wirken.

Reiki als Aufgabe
Ich persönlich sehe es als meine Aufgabe als Meisterin an, in der Gemeinschaft mit anderen ein Energiefeld der Liebe aufzubauen und zu halten, in dem die Heilung von Mensch und Umwelt möglich wird. Unser Wollen und Handeln hat uns an einen kritischen Punkt gebracht.

Wir dürfen nicht länger nur Botschafter von Idealen sein, sondern müssen Arbeiter der Liebe werden. Wir müssen unser Leben selbst gestalten. Der Meisterweg ist eine große Chance zum persönlichen Wachsen; darum ist es gut, dass er allen Menschen offen steht und nicht nur denen, die Reiki als Lehrer weitervermitteln wollen.

Reiki-Lehrer – vierter Grad

Der Lehrer unterscheidet sich vom Reiki-Meister dadurch, dass er sein Wissen weitervermittelt. Je reicher sein Erfahrungsschatz ist, umso leichter wird ihm diese Aufgabe fallen. Ich halte es deshalb für einen angehenden Lehrer für sinnvoll, über einen gewissen Zeitraum, eventuell ein Jahr, in den Kursen des ihn ausbildenden Lehrers zu assistieren.

Grundprinzipien und Grundlagen

Vor Beginn der Lehrerausbildung sollte in einem Gespräch zwischen Lehrer und Schüler der Ausbildungsrahmen abgesteckt und besprochen werden. Es ist wichtig festzuhalten, was alles in der vereinbarten Ausbildungsgebühr enthalten ist, etwa
- Assistenz in einer bestimmten Anzahl von Kursen,
- Übernahme von Teilbereichen der Seminarleitung durch den Schüler,
- Organisation eines Seminars in eigener Verantwortung,
- Supervision während und nach den Seminaren,
- eine bestimmte Anzahl Stunden Einzelsupervision,
- Informationen, Adressen, Fortbildungsmöglichkeiten.

Umfang und Art der Ausbildung werden von den einzelnen Reiki-Lehrern ganz unterschiedlich gestaltet. Die Lehrerausbildung beinhaltet aber immer das Erlernen und Üben der Einweihungsrituale. Zum Lehrergrad gehört keine Einweihung.

Die Aufgabe der Lehrer

Jede Aufgabe wird wertvoll durch den Sinn, den wir ihr geben, und jede Arbeit ist erfolgreich, wenn wir mit unserem Herzen dabei sind. Es ist eine sehr schöne Aufgabe, Schüler und Schülerinnen in Reiki einzuweihen und auf ihrem Weg zu begleiten. Über telefonischen und persönlichen Kontakt bei den Austauschtreffen wird eine Beziehung aufgebaut, in der beide zugleich Lehrende und Lernende sind. Alles Lernen ist Erinnerung, denn tief in unserem Inneren sind wir bereits alle verbunden mit der göttlichen Weisheit.

Während der Ausbildung gibt der Lehrer sein gesamtes Wissen an den Schüler weiter. Dieser kann danach selbst Reiki in Seminaren weitergeben und Schüler in Reiki einweihen. Damit endet das Lehrer-Schüler-Verhältnis, denn beide sind von nun an Kollegen. Es ist für beide wichtig, sich bewusst als Lehrer und Schüler voneinander zu verabschieden, um eine neue Beziehung als Kollegen zu beginnen.

- Der Ausbildende entbindet sich selbst von seiner Verantwortung und entlässt sich damit in die Freiheit.
- Der neue Lehrer verabschiedet sich vom Ausbilder und seiner Art zu lehren, um den eigenen Weg zu gehen und seinen persönlichen Stil des Lehrens zu entwickeln. Auf dieser Basis kann ein freundschaftliches Miteinander ganz neuer Art entstehen.

Um selbst Reiki-Meister-Einweihungen vorzunehmen, sollte ein Lehrer über einen Zeitraum von ca. drei Jahren Erfahrungen sammeln und lernen, mit der Einweihungsenergie umzugehen.

Seit die Großmeisterin des Usui-Systems, Phyllis Lei Furumoto, die Meistereinweihung freigegeben hat, darf jeder Reiki-Lehrer seine Schüler in den Meistergrad einweihen.

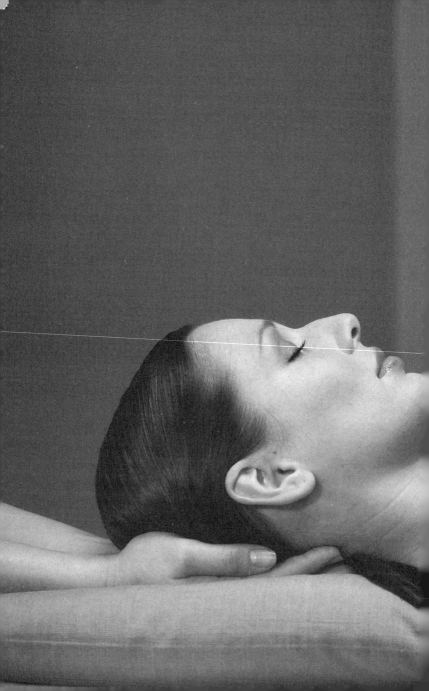

Krankheit und Heilung

Krankheit ist meist nicht nur ein rein medizinisches Problem. Oft ist sie auch Ausdruck für eine innere Spannung oder Zerrissenheit, die sich in körperlichen Symptomen ausdrückt. Das bedeutet: Wer dauerhaft gesund sein möchte, sollte sich nicht nur in die Hände von Ärzten begeben, sondern beginnen, sich mit sich selbst und den tiefer liegenden Problemen für seine Krankheit zu befassen.

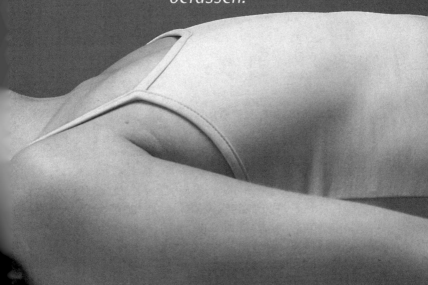

Krankheit als Weg

Krankheit betrifft immer den ganzen Menschen, seinen Körper, seinen Geist und seine Seele. In jeder Zelle des menschlichen Organismus steckt die Information des Ganzen. So existiert auch in jedem Menschen das Wissen um den göttlichen Plan für die gesamte Welt und die Aufgabe, die jeder als Teil des Ganzen zu erfüllen hat. Dieses Wissen ist tief in uns verankert, und doch verlassen wir manchmal unseren Weg und vergessen unser Ziel.

Krankheit kann uns schmerzlich darauf hinweisen, dass wir vom Weg abgekommen sind. Sie kann aber auch der Weg selbst sein, beispielsweise um die Menschen in der Nähe eines Kranken zu einer besseren Erkenntnis zu leiten. Krankheit kann die Funktion haben, Schmerz zu erfahren und damit Mitgefühl für das Leiden anderer auszubilden. In vielen Fällen ist die eigene Krankheit Motivation, neue Heilungsmethoden zu entwickeln. So wie Chiron, der verwundete Heiler aus der griechischen Mythologie, haben viele Heiler lebenslange chronische Leiden. Sie besitzen die Gabe, die Leiden der anderen zu heilen, nicht aber ihre eigenen.

Krank an Körper, Geist und Seele

Krankheiten sind Wegweiser unserer Seele. Unser mechanistisches Weltbild lässt uns Krankheiten aber oft nur als Funktionsstörungen des Körpers sehen, die es zu beheben gilt. Doch Krankheit ist niemals nur ein rein körperliches Phänomen. Von einer Erkrankung ist stets der ganze Mensch betroffen – mit all seinen Seinsebenen, also Körper, Geist und Seele. Der Körper ist dabei nur die sichtbare Ebene, auf der die Krankheit sich unmittelbar ausdrückt.

Wenn Gedanken krank machen
Die Annahme eines Mangels oder auch negative Gedankenmuster, denen oft alte Denk- oder Verhaltensstrukturen zugrunde liegen, sind häufig Auslösefaktoren für Krankheiten. Aurasichtige Menschen können deshalb Krankheiten schon im Energiefeld sehen, bevor sie sich im physischen Körper zeigen.

Im alten China wurde der Arzt für die Gesunderhaltung einer Familie bezahlt. Er musste daher über die Fähigkeit verfügen, Krankheiten vor ihrem Eintritt in den Körper zu erkennen und zu behandeln. Wurden die Krankheitssymptome im Körper sichtbar, erkrankte also ein Mitglied der Familie, bedeutete das, dass der Arzt versagt hatte. Er wurde entlassen und erhielt kein Honorar.

Krankheitsursachen erkennen
Heutzutage wird viel Energie dafür aufgewandt, Krankheiten zu bekämpfen. Wir versuchen, die Krankheit in den Griff zu bekommen, die Symptome aus der Welt zu schaffen. Eine scheinbare Symptombeseitigung zeigt sich häufig jedoch lediglich als Symptomverschiebung: Eine andere Krankheit entsteht, manchmal wird sie sogar als Folgeerkrankung diagnostiziert.

Die Seele sucht einen neuen Weg, sich über den Körper mitzuteilen. Symptome sind Symbole, und sie zu verstehen führt zu einem Entschlüsseln der eigentlichen Krankheitsursache. Nur auf dem Grund seiner Seele findet der Erkrankte die Ursache für die Entstehung seiner Krankheit bzw. das krank machende Verhaltensmuster und damit den Schlüssel zur Heilung.

Werden Sie aktiv!

In allen Fällen ist Krankheit ein Weg und eine Möglichkeit, die Zusammenhänge des eigenen Lebens besser zu erfassen und zu verstehen. Anstatt Krankheiten als Störfall im System zu bekämpfen, sollten wir sie als Chance begreifen, unser wahres Wesen und unsere Bestimmung zu erkennen. Das heißt auch, dass wir den passiven Status, uns heilen zu lassen, aufgeben, aktiv werden und selbstverantwortlich an unserer Heilung arbeiten. Der Wunsch, heil und gesund zu werden, sowie die Vision von der Gesundheit an sich sind maßgebliche Faktoren für eine Genesung.

Das bedeutet nicht, dass Sie in Zukunft auf den Besuch bei Ihren Ärzten und Heilpraktikern oder auf die Errungenschaften moderner Medizin verzichten sollen. Ihre aktive Mitarbeit ist aber eine wichtige Voraussetzung für die Heilung, wie die Berichte über das plötzliche Abklingen von Krankheitssymptomen und z. T. völlige Genesungen scheinbar Unheilbarer immer wieder zeigen.

Alltagsbewältigung und Stress

So manche Krankheit hat nur vordergründig ihren Ursprung in Bakterien, Viren, Pilzen oder anderen Krankheitserregern. Eine große Anzahl von Beschwerden und Erkrankungen beginnt in der Seele.

Leben Sie immer bewusst und vollkommen mit sich selbst im Einklang? Angesichts der Anforderungen des Alltags ist es kaum möglich, den eigenen Bedürfnissen und Wünschen immer nachzukommen. Sie geraten in Vergessenheit und werden irgendwann gar nicht mehr wahrgenommen. Aktivität ist eine gute Möglichkeit, sie zu vergessen.

Nicht befriedigte Bedürfnisse

Die Bedürfnisse bleiben aber bestehen, ihre Nichtbefriedigung führt zu Energieblockaden, und sie sind die Vorstufe zu Krankheiten. Viele Menschen geben ihrem Ruhebedürfnis nicht mehr nach und gönnen sich nicht die für eine Regeneration nötige Ruhe und Entspannung. Stress bedeutet Anspannung, und Dauerstress ist Daueranspannung und -belastung der Muskeln und der inneren Organe.

Aber alles, was angespannt ist, engt Sie ein: Die Lebens- und Heilenergie kann im Körper nicht mehr frei fließen. Das macht krank.

Energieblockaden – Auslöser für Krankheiten

Wo die organischen und seelisch-geistigen Bedürfnisse nicht erfüllt werden, entstehen im Laufe der Zeit Blockaden. Sie zeigen sich zunächst im Energiefeld und finden dann einen Ausdruck auf der körperlichen Ebene in Form von Krankheiten.

Der Organismus ist ein Selbstregulierungssystem und reagiert adäquat auf äußere Ereignisse. Ein Problem versetzt den Körper in Alarmbereitschaft. Alle Systeme werden aktiviert, um dem Problem zu begegnen.

- Kommt es zu einer Lösung, tritt eine Entladung und damit eine Entspannung des Organismus ein.
- Ist ein Problem aus äußeren Gründen (keine Zeit, kein Raum) oder inneren (z. B. psychische Hemmung) nicht lösbar, so kann sich die aufgebaute Energie nicht entladen. Es kommt zur Blockade.

Die dann entstehende Krankheit kann eine Art »Notausgang« der aufgestauten Energieladung sein.

Krankheit als Symbol

»Ein Symbol ist ein psychologischer Mechanismus zur Umwandlung von Energie«, sagte C. G. Jung. Das Wort Symbol, vom griechischen »symballein« kommend, bedeutet zusammenfügen.

So war es im alten Griechenland: Wenn zwei Freunde sich trennten, zerbrachen sie als Abschiedsritual einen Stab. Jeder behielt ein Teilstück, und wenn ihre Wege sich wieder trafen, fügten sie die auseinandergebrochenen Enden des Stockes zu einer Einheit zusammen.

Meine eigene Erfahrung

Vor mehr als 30 Jahren wurde ich mit einem Konflikt in meiner Familie konfrontiert, der all meine Aufmerksamkeit und meinen ganzen Einsatz erforderte. Nachdem ich die äußeren Dinge halbwegs organisiert hatte, überfiel mich eine lähmende innere Müdigkeit. Ich stand morgens vor dem Spiegel, sah beiläufig einen kleinen Pickel und dachte: Gürtelrose. Drei Stunden später war mein Körper im gesamten Herz-Schulterblatt-Bereich mit Bläschen übersät, und die Ärztin, die ich am nächsten Tag aufsuchte, gab die bestätigende Diagnose.

Ich erschrak, denn mir war klar, dass ich mir diese Krankheit selbst geschaffen hatte. Starke Schmerzen und Fieber bezwangen mich, gaben mir andererseits aber auch die Legitimation, mich von allen Pflichten zurückzuziehen.

Nachdem ich drei Wochen im Bett verbracht hatte, fragte ich meine Ärztin, wie lange es denn noch dauere. »Es dauert so lange, wie es dauert«, sagte sie. »Wenn Sie wieder gesund sein wollen, dann sind Sie gesund.« Innerhalb weniger Tage war ich wieder auf den Beinen.

Nach vielen Jahren Therapie und Selbsterfahrung weiß ich heute, dass der damalige familiäre Konflikt eine innere Verbindung zu einem Kindheitstrauma hatte. Da dieses traumatische Erlebnis meinem Bewusstsein nicht zugänglich, also in einem psychischen Block gebunden war, reagierte ich auf der körperlichen Ebene mit Gürtelrose.

Diese Geschichte macht deutlich, worum es bei der Entstehung und Heilung von Krankheiten geht: um das Wiederzusammenfügen von Getrenntem. Der Mensch hat sich von seinen Bedürfnissen, von seinem Weg, von seiner inneren Wahrheit entfernt und damit auch von der ihn im Leben tragenden schöpferischen Quelle.

Krankheit ist ein Zeichen für die im Organismus entstandene Disharmonie, und das Krankheitssymptom ist zugleich das wegweisende Symbol Richtung Heilung. Wird das alte, zu überwindende – weil krank machende – Verhaltensmuster sichtbar und werden Krankheit wie Schmerz angenommen, steht die volle Energie wieder zur Verfügung. Sie kann dann auch die Heilung vorantreiben. So enthält jede Krankheit immer auch die Chance des Wieder-in-Ordnung-Kommens, also des Gesundwerdens.

Volksweisheiten – die Sprache der Organe

Eine gute Möglichkeit, den Weg vom Symptom zum auflösenden Symbol zu gehen, ist es, auf die Sprache des Körpers und seiner Organe zu hören, denn der Schlüssel zur Heilung liegt im Erkrankten selbst.

Volksweisheiten und Sprichwörter weisen oft sehr deutlich auf die Ursache von Krankheiten hin. Da die Entstehung von Beschwerden aber ein komplexer Vorgang ist, der vielfältige Ursachen haben kann, bitte ich Sie, die nachfolgende Liste mit Humor zu lesen und sie nicht als allein gültige Wahrheit anzusehen.

Kopf

Ich halt's im Kopf nicht aus. – Mit meinem Kopf verstehe ich die Situation, das Leben nicht mehr. Das kann der Anfangspunkt von Kopfschmerzen, Migräne, Entzündungen im Kopfbereich sein. »Der Kopf ist ein guter Diener, aber ein schlechter Herr«, sagt eine Volksweisheit und mahnt uns, nicht nur dem geistigen Wissen, sondern auch der Weisheit des Herzens zu vertrauen.

Augen

Ich kann's nicht mehr sehen. – Ich schließe die Augen oder schaue weg. Beides kann eine Blockade der Energie auslösen und zu Erkrankungen oder einer Schwäche im Augenbereich führen.

Mund

Da bleibt mir glatt die Spucke weg. – Der Mund ist das Aufnahmeorgan der Menschen, nicht nur für Nahrung, sondern auch im übertragenen Sinn. Eine meiner Schülerinnen war durch eine Äußerung ihres Freundes so erschrocken, dass ihr Speichelfluss stockte. Ihr Mund wurde trocken und sie hatte erhebliche Schwierigkeiten zu schlucken. Jedes Schlucken tat weh. Indem Sie sich den Zusammenhang bewusst machte, löste sich die Blockade, der Speichel floss wieder normal.

Ohren

Ich kann's nicht mehr hören. – Das Ohr ist ein aufnehmendes Organ und somit Lärm, Stimmen und Geräuschen ausgeliefert. Ein Abschalten ist nicht möglich. Entzündungen im Ohrbereich drücken den Ärger darüber aus. Schwerhörigkeit und Ohrgeräusche dienen als Schutz und lenken die Aufmerksamkeit auf das »innere Hören«.

Zähne

Ich muss die Zähne zusammenbeißen. – Die Zähne stehen für das Zubeißen, also für Aggression im Sinne von: auf das Leben zugehen. Mit geschlossenem Mund und zusammengebissenen Zähnen ist das nicht möglich. Energie wird so nur blockiert, eine häufige Folge ist Paradontose und früher Zahnverlust.

Der geht mir auf den Zahn. – Ärger, der nicht ausgedrückt wird, kann in Form eines Abszesses auf den Zahn drücken.

Hals und Nase

Ich hab die Nase voll, den Hals voll, die Schnauze voll. – Jetzt ist ein Zustand der Überforderung eingetreten. Alles wird als zu viel empfunden. Häufig ist ein solcher Moment Ausgangspunkt für eine Grippe. Die Lebensenergie ist abgesunken. Jetzt helfen nur noch Rückzug und Ruhe, um sie zu regenerieren.

Hals

Mir bleibt das Wort im Halse stecken. – Der Hals, die Verbindungsstelle zwischen Kopf und Rumpf, ist das Kommunikationszentrum jedes Menschen, der Ausdruck seines Selbst. Wird dieser Selbstausdruck unterdrückt oder zurückgehalten, von ihm selbst oder durch gesellschaftliche Konventionen, kommt es zum Stau der Lebensenergie. Funktionsstörungen im Halsbereich können die Folge sein.

Arme und Hände

Ich pack's nicht mehr. – Arme und Hände gehören zum Herzsegment. Ist das Herz voller Kummer oder sind die Schultern übermäßig belastet, oft mit zu viel Verantwortung für andere, dann versagen Arme

Alltagsbewältigung und Stress

und Hände als Handlungswerkzeuge des Herzens. Schmerzen verhindern ein weiteres Zupacken, man resigniert ein wenig.

Beine
So geht's nicht weiter. – Die Beine tragen die Last des Körpers, d. h. des Lebens. Und sie kann mitunter zu schwer werden. Beim Stolpern fällt die Last herunter. Dann kann die Last neu sortiert und neu verteilt werden.

Knie
Das zwingt mich in die Knie. – Die Knie stehen für die Beweglichkeit der Beine. Um für die Wechselfälle des Lebens offen zu sein, muss man das Schicksal annehmen und sich gelegentlich auch demütig beugen.

Füße
Der hat kalte Füße bekommen. – Die Füße stehen für Vertrauen: Wenn wir mit beiden Füßen fest auf dem Boden stehen, sind wir gut geerdet und vertrauen dem Boden, der uns trägt. Negative Gedankenmuster und Angst verursachen die so genannten kalten Füße; wir spüren den Boden nicht mehr.

Herz
Das bricht mir das Herz. – Erinnern Sie sich an das Märchen vom eisernen Heinrich? »Heinrich, der Wagen bricht.« »Nein, Herr, der Wagen ist es nicht, es ist ein Ring von meinem Herzen, das da lag in großen Schmerzen...« Das Verschließen des Herzens ist der Versuch, die Verletzungen des Lebens nicht wahrzunehmen. Vergebung heilt die Wunden.

Magen

Mir ist was auf den Magen geschlagen. Ich hab' zu viel geschluckt. – Der Magen ist ein Ort der Umwandlung. Fremdes, genauer gesagt Nahrung, wird hier umgewandelt; man macht sie sich zu eigen. Das gilt auch im übertragenen Sinn: Oft schlucken wir zu viel Fremdes, Leitsätze und Regeln anderer, ohne sie zu verdauen. Der Magen wird sauer. Findet die Frustration keinen Ausdruck, wendet sie sich nach innen. Der Magen beginnt, sich selbst zu verdauen mit der möglichen Folge von Gastritis und Magengeschwüren.

Galle

Mir läuft die Galle über. – Nicht ausgedrückter Groll und unversöhnliche Gedanken über das Leben können zu Störungen der Gallenfunktion führen. Es wird dann von diesem Organ mehr »Gift« produziert, als der Organismus verdauen und ausleiten kann. Der sichtbare Ausdruck von Ärger ist ein gutes Ventil, den Groll abzuleiten.

Leber

Dem ist was über die Leber gelaufen. – Die Leber ist der Sitz der Wut. Familiäre und gesellschaftliche Prägung führen oft zur Unterdrückung von Wut. Dann richtet sie sich gegen den eigenen Körper.

Nieren

Das geht mir an die Nieren. – Die Nieren als Paarorgan stehen symbolisch für Beziehungen. Das gilt nicht nur für Paarbeziehungen, sondern auch für die Familie und Sippe, die Ahnen. Was sich hier an Krankheiten zeigt, kann ererbt sein. Es ist durch die Familienstrukturen übertragen.

Sicher fallen Ihnen noch andere Volksweisheiten ein. Diese unvollständige Liste soll Ihre Gedanken anstoßen und Ihnen als Hilfe zur Selbstüberprüfung dienen. Keineswegs ist sie geeignet, Diagnosen über andere und deren Leiden zu erstellen. Je mehr wir bereit sind, uns selbst zu heilen, umso eher werden wir auch den Schicksalsweg anderer respektieren lernen. Reiki ist ein Weg und eine Methode dazu.

Vier Schritte zur Heilung

Erster Schritt – körperliche Ebene

Heilung geschieht immer auf vier Ebenen: der körperlichen, seelischen, geistigen und der höheren geistigen Ebene. Damit eine Krankheit geheilt werden kann, ist als Erstes das Annehmen der Krankheit erforderlich. Das Geheimnis lautet: Der Weg, der in eine Krankheit hineinführt, führt auch wieder hinaus.

Sagen Sie bewusst ja: »So wie die Krankheit plötzlich gekommen ist, so kann sie auch wieder gehen. Die Krankheit hat einen Sinn und zeigt mir einen Weg, vollständiger zu werden. Ich bin bereit die Verantwortung dafür zu übernehmen.«

Achten Sie auf die Signale Ihres Körpers, und geben Sie ihm, wonach er verlangt: Ruhe, Bewegung, frische Luft, gutes Essen. Eine Reiki-Behandlung wird Ihnen immer guttun. Üben Sie Geduld mit sich.

So lange wie die Krankheit brauchte, in Sie einzusinken, so lange dauert es auch, bis sie sich zurückbildet. Holen Sie sich Unterstützung auf der körperlichen Ebene bei Ihrem Arzt oder Heilpraktiker.

Zweiter Schritt – seelische Ebene

Sie suchen die innere Verbindung zur Krankheit. Die Botschaft Chirons, des verwundeten Heilers der griechischen Mythologie, lautet: »Was mich verwundet, heilt mich.« Machen Sie sich Ihre Krankheit zum Verbündeten. Nützen Sie die geschenkte Zeit, die Ursache für die Entstehung der Krankheit zu finden.

»Die Krankheit ist in mir entstanden, und in mir liegt der Schlüssel zur Heilung. Was hat mich krank gemacht? Welche Situation war am Beginn der Erkrankung gegeben?«

Gehen Sie mit Gelassenheit ans Werk. Ihre innere Weisheit wird Sie leiten. Reiki, Meditationstechniken, Yoga, Autogenes Trainig helfen Ihnen dabei. Achten Sie auf Ihre Träume. Beim Auftauchen traumatischer Erlebnisse holen Sie sich therapeutisch begleitende Hilfe.

Dritter Schritt – geistige Ebene

Sie lösen jetzt das krank machende Muster auf. Jeder Manifestation in der materiellen Welt geht ein geistiger Impuls voraus. Und genauso geht jeder Krankheit ein bestimmtes krank machendes Verhaltens- oder Denkmuster voraus.

Fragen Sie sich: »Welche einschränkende Einstellung liegt dem Krankheitsbild zugrunde? Was wiederhole ich permanent in meinem Leben gedanklich, und was davon ist negativ?«

So wie negative Leitsätze unser Leben bestimmen und Krankheiten verursachen können, so ist es möglich, durch eine positive Geisteshaltung ein sinnhaftes, erfülltes und gesundes Leben einzuleiten. Finden

Sie eine neue positive Geisteshaltung durch bewusstes Üben einer Affirmation, das ist ein positiver, lebensbejahender Satz. Damit geben Sie Ihrem Leben eine neue Richtung.

Vierter Schritt – die höhere geistige Ebene

Erkenne Dich selbst, und Du erkennst Gott. Sie sind Teil des göttlichen Plans, also selbst göttlich; Sie sind Ursache und Wirkung zugleich. Jeden Augenblick Ihres Lebens können Sie selbstverantwortlich gestalten. Tun Sie es! Danken Sie dem Leben für dieses Geschenk der geistigen Wandlung und des inneren Wachsens, und begegnen Sie sich und anderen mit Liebe und Wertschätzung.

Reiki im Notfall

Ich möchte Ihnen mit der nachfolgenden kleinen Empfehlungsliste für alltägliche Notfälle eine Hilfe an die Hand geben, damit Sie wissen, wann Sie Reiki einsetzen können.

Sie können Reiki bei den hier aufgelisteten – aber auch noch bei wesentlich mehr – Krankheiten begleitend neben einer der anderen Heilmethoden, sei sie aus dem Bereich der Schulmedizin oder der alternativen Heilverfahren, anwenden. Sie selbst haben Ihr Leben in der Hand! Gehen Sie nicht achtlos damit um, sondern handeln Sie verantwortungsbewusst. Bemühen Sie sich um eine positive Lebenseinstellung.

Absprache mit dem Facharzt

Wenn Sie sich bei ernsten, länger andauernden oder chronischen Erkrankungen mit Reiki selbst behandeln wollen oder vorhaben, während einer anderen Therapie auch noch zu einem Reiki-Lehrer zu gehen, sollten Sie das unbedingt mit Ihrem Facharzt besprechen.

Häufig sind die begleitenden Reiki-Behandlungen hilfreich, aber sie können die Wirkung der einzunehmenden Medikamente nicht unerheblich beeinflussen. Das muss abgeklärt werden; vielleicht erzielen Sie ja eine Verringerung der Tablettendosis.

In den Erfahrungsberichten auf den folgenden Seiten sind viele Beispiele zu lesen, wie Reiki in ganz unterschiedlichen akuten Situationen eingesetzt werden kann und das nicht nur bei Menschen, sondern auch bei Tieren und Pflanzen. Sicher ist bei Menschen in jeder Unfallsituation, erfahrungsgemäß auch bei Schockzuständen, die Behandlung mit Reiki unterstützend. Weitere Krankheiten oder Situationen, die sich aus Erfahrung für eine Reiki-Behandlung eignen: Angina, Blutungen, chronische Erkrankungen, Darminfekt, Grippe, Hexenschuss, Ischias, Krebs, Migräne, vor, während und nach Operationen, Prellungen, Rückenschmerzen, Schock, Schlafstörungen, Stress, Tinnitus, Verbrennungen, Verstauchungen, Wundbehandlung, Zahnschmerzen.

Erfahrungen mit Reiki

Berichte von Schülern mit erstem Reiki-Grad

- **Pferdebehandlung:** Ich betrachte Reiki als ein großes Geschenk und genieße das Gefühl, mir jederzeit etwas Gutes tun zu können. Mein Mann will nichts davon wissen, und so verwende ich Reiki hauptsächlich für meine Tiere und für mich selbst. Meine Pferde akzeptieren Reiki nur, wenn sie Beschwerden haben. Als meine Stute nach Absetzen des Fohlens ein geschwollenes hartes Euter hatte, konnte sie gar nicht genug von Reiki bekommen. Es hat wunderbar geholfen.

- **Überlastung des Knies:** Im Mai war ich bei einer Freundin zu Besuch. Sie ist Choreografin und Tänzerin und hatte in dieser Zeit einen Auftritt. Einen Monat zuvor hatte sie sich einen Muskelfaserriss zugezogen und ging zur Entlastung des gesunden Beins an Krücken. Ich wusste nicht, welches Bein krank war, doch als ich ihr Reiki gab, spürte ich an einem Knie deutlich eine Blockade, die sich kalt anfühlte. Ich ließ meine Hände sehr lange darauf liegen, bis diese Stelle Wärme annahm und die Energie ins Fließen kam. Meine Freundin entspannte sich und schlief während der Reiki-Behandlung ein. Später sagte sie mir, dass es das gesunde Knie gewesen sei, das - wie ihr auch schon ihr Masseur gesagt hatte - durch die Schonung des anderen vollkommen blockiert und überbelastet gewesen sei. Meine Freundin hat die Behandlung und die Wärme als sehr angenehm empfunden.

- **Schwangerschaft:** Ich bin zur Zeit schwanger, und letzte Woche bekam ich beim Reiki-Treffen eine Behandlung. Es tat mir so gut im Bauch, es war unbeschreiblich entspannend und warm, ein leichtes Ziehen hat sich ganz sanft aufgelöst.

- **Motivation:** Durch Reiki habe ich ein wunderbares Geschenk empfangen. Nach dem Reiki-Seminar begann ich, mich täglich zu behandeln. Von Tag zu Tag fand ich mehr zu meinem inneren Gleichgewicht zurück. Die Energie fließt in all meine Lebensbereiche. Dinge, die ich immer aufschob, weil sie mir unangenehm waren, erledige ich jetzt gern. Z.B. macht es mir plötzlich Spaß, im Garten zu arbeiten, ihn zu bepflanzen und zu hegen; jahrelang hatte ich ihn vernachlässigt. Den Entschluss, einen Englischkurs zu besuchen, um meine Englischkenntnisse aufzubessern, schob ich seit Jahren vor mir her, bis die Reiki-Kraft auch in diesen Bereich hineinkam und mich zum Handeln motivierte; ich meldete mich in einer Sprachschule an. Ich mache gute Fortschritte. Ich bin dankbar für die Erfahrung, dass Reiki beim Heilen aller Ebenen hilft.

- **Menstruationsbeschwerden:** Früher hatte ich während meiner Menstruation jedes Mal einen Tag, an dem es mir ganz besonders schlecht ging. Ich hatte Kopfschmerzen, in meinem Bauch fühlte es sich an, als seien alle Innereien zu einem einzigen Klumpen verwachsen, und ich war so zittrig, dass ich mich den ganzen Vormittag kaum auf den Beinen halten konnte. Nachdem ich meiner Familie das Mittagessen zubereitet hatte, legte ich mich erschöpft ins Bett und war für den Rest des Tages erledigt. Seit ich Reiki kenne, ist das anders. An einem Tag, an dem es mir besonders schlecht ging, legte ich mich ins Bett und gönnte mir eine Reiki-Behandlung von ca. eineinhalb Stunden. Mit jeder Minute wurde ich ruhiger und entspannter. Anschließend duschte ich und ging sehr erfrischt und schmerzfrei zum Geburtstagskaffee. Da es ein besonders schöner warmer Maitag war, haben wir am Abend noch zwei Stunden auf der Straße Federball gespielt, und es hat mir riesigen Spaß gemacht, denn ich fühlte mich wieder pudelwohl – dank Reiki.

- **Hundekolik:** Immer wenn mein Hund aus einer uralten abgestandenen Pfütze trinkt, bekommt er eine Darmkolik. Er will normalerweise von Reiki nichts wissen und lässt sich immer nur ein paar Sekunden die Hand auf die gleiche Stelle legen. An einem Tag, an dem er wieder aus einer Pfütze getrunken hatte, grummelte es schon seit Stunden in seinem Bauch. Er wollte weder fressen noch trinken und lag nur ganz apathisch in einer Ecke. Da ließ er es zu, dass ich eine Viertelstunde lang meine Hände auf seinen Bauch legte. Wir gingen anschließend nach draußen, und nach kurzer Zeit konnte er seinen Darm entleeren und war wieder der Alte.

- **Spannungen und Stress:** Bisher hatte ich kein Aha-Erlebnis, und mit kosmischen Energien konnte ich mich bereits durch Meditation verbinden. Es gelang nur dann nicht, wenn mein Körper sich aufgrund von Schmerzen oder Spannungen wehrte oder mein Kopf durch Stress blockiert war. Jetzt gibt mir Reiki die Hilfe, durch heilende Energien meine Mitte wiederzufinden, ohne Institutionen, ohne Heiler. Ich schenke mir selbst heilende Energie. Wenn ich dazu momentan unfähig bin, kann ich eine Freundin bitten, mir Reiki zu geben. Nur bitten muss ich selbst, alles andere bekomme ich geschenkt. Das gibt mir eine neue Sanftheit und meinem Leben Freude und Leichtigkeit.

- **Muskelwadenkrampf:** Mein Sohn M. (16 Jahre) hatte eines Abends einen Wadenkrampf. Jeder Versuch, den Muskel loszulassen, verursachte ihm so starke Schmerzen, dass er nur in der Anspannung verharren konnte. Er bat mich um Hilfe, und ich legte meine Hände auf. Nach kurzer Zeit fing sein Bein sehr stark und heftig an zu zittern. Ich nahm die Hände weg, und das Zittern hörte auf. Als ich die Hände erneut auflegte, setzte das Zittern wieder ein und hörte erst nach längerer Zeit auf. Danach konnte er das Bein ohne Anspannung und ohne Schmerzen ruhen lassen, jedoch noch nicht ohne Schmerzen auftreten. Am nächsten Morgen waren die Schmerzen völlig veschwunden.

- **Einschlaf-Reiki:** Als meine Tochter (14 Jahre) vor Jahren einen Infekt der oberen Luftwege hatte und wegen Kopfdrucks nicht einschlafen konnte, legte ich ihr meine Hände auf Kopf und Bronchien. Sie schlief daraufhin ruhig ein und hatte eine gute Nacht. Das Auflegen der Hände ist zum abendlichen Ritual geworden, das meine Tochter noch immer mit dem Satz einleitet: »Mama, krieg ich noch Einschlaf-Reiki?«

- **Depressionen:** Reiki hat mein Leben ganz und gar verändert! Meine Freundin E. lebte seit Monaten in einem depressiven Loch. Obwohl sie in Behandlung war, änderte sich nichts an ihrem Zustand. Sie war lustlos, traurig, und jede Entscheidung fiel ihr schwer. Ich bot ihr eine Reiki-Behandlung an, die sie auch annahm. Schon während der ersten Kopfposition ging eine Veränderung in ihr vor. Sie atmete schneller und bekam eine rosige Gesichtsfarbe. Als ich mit allen Positionen fertig war und sie aufstand, war meine Freundin nicht mehr wiederzuerkennen. Sie war voller Lebensfreude und Vitalität. Nach ihren eigenen Angaben fühlte sie sich wie eine »aufgeladene Batterie«. Sie bekam mehr Selbstbewusstsein und Standfestigkeit im Leben. Inzwischen haben wir beide den zweiten Reiki-Grad und staunen, welche Wunder sich auftun und vor allem, welche »Zufälle« es doch gibt.

- **Pflanzenbehandlung:** Nach meinem ersten Reiki-Seminar probierte ich gleich alles aus, was ich gelernt hatte. Ich gab meinen Blumen und Pflanzen Reiki; sie gingen vorher ständig ein. Inzwischen habe ich auf dem Balkon ein Blumenbeet hergerichtet, und es sieht gut aus. Die Pflanzen und die Rosen sind wunderschön, und ich bin stolz darauf, dass ich es geschafft habe, mit Reiki die Pflanzen so lange gesund zu erhalten. Ich gab meinem Essen Reiki und spürte und schmeckte die Veränderung. Butterkekse schmecken wie Vollkornkekse, das Gemüse schmeckt frischer und intensiver. Sogar meiner Motorradbatterie gebe ich Reiki.

- **Erstverschlimmerung:** Meine Freundin litt sehr stark unter Zahnschmerzen und ließ sich den Zahn ziehen. Als am Abend die Betäubung nachließ, fingen die Schmerzen wieder an. Ich gab ihr Reiki. Die Schmerzen wurden noch stärker, und ich erinnerte mich, dass das nach einer Reiki-Behandlung passieren kann. Ich beruhigte meine Freundin und erzählte ihr von der Erstverschlimmerung. Am nächsten Tag waren die Schmerzen verschwunden.

- **Kopfschmerzen am Computer:** Ich arbeite am Computer, und früher taten mir oft meine Augen und mein Kopf weh. Jetzt mache ich kurze Pausen und gebe mir Reiki auf den Kopf, besonders auf die schmerzenden Stellen. Ich habe schon lange keine so starken Beschwerden mehr wie früher. Ich bin froh, dass ich Reiki kennen und anwenden gelernt habe und dass ich mir und anderen auf so einfache Art helfen kann.

Berichte von Schülern mit zweitem Reiki-Grad

- **Angst beseitigen:** Seit der Einweihung in den zweiten Grad praktiziere ich Fern-Reiki. Eine Bekannte hatte große Angst vor ihrer Motorrad-Führerscheinprüfung, die unmittelbar bevorstand. Die letzte Fahrstunde war schlecht verlaufen, und meine Bekannte befürchtete, die Maschine nicht halten zu können. Nachdem sie mir davon erzählt hatte, schickte ich ihr Reiki und hatte das Gefühl, dass es wirkt. Sie rief mich abends an und bedankte sich. Es hatte alles geklappt.

- **Fernbehandlung zur Geburt:** Meine Schwester ist schwanger, und ich schicke ihr regelmäßig Fern-Reiki. Ihr Baby bekommt dabei jedes Mal gleich eine Reiki-Behandlung mit. Auch auf die Geburt habe ich Reiki im Voraus geschickt. Ich habe ein sehr gutes Gefühl, was die Entbindung angeht, und ich spüre viel Licht und Wärme.

- **Schlafbeschwerden bei Stress:** Fern-Reiki habe ich mir selbst auch schon geschickt. Wenn ich sehr gestresst vom Büro nach Hause komme, schicke ich mir abends vor dem Einschlafen Fern-Reiki mit dem Zusatz »in zehn Minuten« und empfange es dann. Es tut mir gut und schenkt mir tiefen Schlaf.

- **Verstauchung des Fußgelenks:** Während eines Seminars in Griechenland erlebte ich die heilende Wirkung von Reiki auf folgende Weise: Eine kleine Wanderung zu heißen Quellen war geplant, und gleich auf den ersten 50 Metern übersah M. eine Unebenheit im Weg, knickte im Fußgelenk ein und fiel zu Boden. Sie spürte starke Schmerzen im Gelenk und fürchtete, die nächsten Tage nicht mehr laufen zu können. In dieser Gruppe waren drei Teilnehmerinnen mit dem zweiten Reiki-Grad, und sie legten sofort Hand an. Jemand sagte scherzhaft: »Das ist jetzt Turbo-Reiki«, und nach 10 bis 15 Minuten spürte sie keine Schmerzen mehr. M. stand auf, lief zuerst vorsichtig und dann zwei Stunden ohne Beschwerden. Da Sie selbst Ärztin war, wusste sie zu gut, wie solche Verletzungen normalerweise verlaufen. Auch in den folgenden Stunden und Tagen traten nicht die üblichen Beschwerden auf. M. ist selbst Reiki-Praktizierende des zweiten Grades, und wir alle waren glücklich und dankbar für diese Erfahrung.

- **Belastungen:** Ich nahm an einer Organisations- und Planungstagung einer Bildungseinrichtung teil. Während der Eingangsrunde, in der jeder Teilnehmer kurz von sich erzählt, sagt B., dass sie nichts erzählen will, zurzeit Mühe habe, sich über Wasser zu halten. Private Belastungen, aber auch Personalkonflikte der Einrichtung bedrückten sie. Während des weiteren Verlaufs werden die kritischen Punkte angesprochen. B. erträgt die Situation nicht und verlässt aufgelöst die Runde. Nach ihrer Rückkehr biete ich ihr eine Reiki-Behandlung an. Sie kann noch nicht sicher annehmen, vielleicht nach dem Essen. Da frage ich noch einmal, ohne sie zu bedrängen, und erkläre ihr, wie Reiki funktioniert. Sie nimmt jetzt gern an, erzählt während der Kopfpositionen von ihren Belastungen und Ängsten und wird immer ruhiger, genießt, spürt, wie sich Blockaden lösen, Energien wieder ins Fließen kommen. Nach der Ganzbehandlung fühlt sie sich in sich gefestigt und erkennt, was sie aus und wieder ins Gleichgewicht gebracht hat. Zurückgekehrt in die Arbeitsgruppe zeigt sie sich, spricht über ihren veränderten Zustand und erklärt: »Diese Erfahrung spricht wohl deutlich für Reiki.«

- **Unzufriedenheit:** Mein Mann hat durch viele Reiki-Behandlungen sein inneres Gleichgewicht wiedergefunden, was sich darin zeigt, dass er jetzt harmonisch und gelassen mit seinen Mitmenschen umgehen kann. Reiki hat ihn unterstützt, mit seinen Missstimmungen besser umzugehen und viele seiner Probleme zu lösen, z. B. sein Gewichtsproblem. Jahrelang machte er Diäten und erreichte nach kurzer Zeit wieder sein altes Gewicht; jetzt hat er abgenommen und hält sein Gewicht, obwohl er zur gleichen Zeit das Rauchen aufgab. Er kann nun mit Problemen besser umgehen, was sich positiv auf unser Familienleben auswirkt. Es ist so viel Licht und Liebe eingekehrt in unser Leben, auch in unsere Beziehung.

- **Partnerschaftskonflikte:** Ein Bekannter bat mich, ihm eine Kurzbehandlung zu geben. Intuitiv legte ich meine Hände auf seinen Kopf (Scheitelchakra). Nach kurzer Zeit spürte ich, wie die Reiki-Energie anfing, eine Blockade langsam niederzuschmelzen. 20 Minuten lang lagen meine Hände wie ein Magnet auf dieser Stelle. Dann spürte ich, dass die Energie diese Blockade aufgelöst hatte. Er war emotional sehr berührt, fühlte sich befreit und gelöst. Er erzählte, dass er unter dieser Blockade gelitten habe, die ihn daran hinderte, sich frei und offen zu äußern, dass er sich lieber in sein Schneckenhaus zurückzog, was in seiner Partnerschaft zu Problemen führte. Kurze Zeit später teilte er mir mit, dass er sich wie ein anderer Mensch fühle, er könne sich mit seiner Frau jetzt auseinandersetzen und ihre Beziehung habe sich spürbar verbessert.

- **Milchallergie:** Meine Tochter A. (18 Jahre) litt im Alter von zwei bis acht Jahren unter einer Milchallergie. Bei länger anhaltenden Stresssituationen tritt die Allergie auch heute noch auf. Beim letzten Mal hatte sie schon zwei Wochen lang einen Allergieschub. Nach Rücksprache mit Frau Asbach gab ich ihr abends vor dem Schlafengehen 15 Minuten Reiki mit der Affirmation »Ich habe meinen Platz, ich werde geliebt«. Ich sagte ihr vorher diesen positiven Satz mit der Bitte vor, daran zu denken. Die Allergie war am nächsten Tag verschwunden.

- **Schulterzerrung:** Ich war samstags auf einer Geschäftsreise in Dortmund. Wahrscheinlich durch ungeschicktes Tragen meiner Reisetasche erlitt ich eine sehr schmerzhafte Zerrung unter meinem linken Schulterblatt und konnte mich am Samstagabend kaum noch bewegen. Am Sonntagmittag sollte ich eine Spielaktion der Naturfreunde in O. leiten. Das war mit diesen Schmerzen nicht denkbar. Ich schickte mir am Abend vor dem Einschlafen Fern-Reiki in die Schulter und am Sonntagmorgen während der Heimfahrt im

Zug nochmal. Die Spielaktion war ein voller Erfolg, ich konnte ohne Schmerzen spielen.

- **Angst:** Mein Vater (79 Jahre) hatte vor mehr als zehn Jahren einen Schlaganfall und kann sich seit einem Jahr nur noch im Rollstuhl bewegen. Da der Wohn-Schlaf-Bereich im Haus innen und auch außen nur über Treppen zu verlassen ist, hat meine Mutter mehrere Rampen für den Rollstuhl bauen lassen, um meinem Vater so ein leichtes Verlassen des Hauses zu ermöglichen. Mein Vater hat sich über diese neue Einrichtung zuerst gefreut, dann aber große Angt vor den steilen Rampen bekommen. Es wäre außerdem unmöglich gewesen, ihn trotz seiner Angst im Rollstuhl die Rampe hinunterzufahren. Meine Eltern wohnen 150 Kilometer entfernt. Ich schickte einmal täglich für die Dauer von drei Wochen Fern-Reiki mit der Affirmation »Kraft, Freude auf einen Spaziergang, Licht und Liebe«. Schon nach drei bis vier Tagen hat mein Vater seinen ersten Ausflug ohne Angst gemacht. Von meiner Unterstützung mit Reiki wusste er nichts.

- **Schulprobleme:** Zeitprogrammierbares Fern-Reiki ermöglicht es mir als Vater, meine Kinder bei schweren Klassenarbeiten in der Schule zu unterstützen. Da ich in der Zeit, in der die Arbeiten geschrieben werden, keine Gelegenheit habe, schicke ich Reiki bereits am Vorabend oder morgens vor der Schule. Meine Kinder gehen gelassener an die Klausuren heran, und die Ergebnisse sind gut. Natürlich fehlt mir der Vergleich, wie sie ohne Reiki wären.

- **Jugendtrauma:** Eines Abends hatte ich die Idee, mit Reiki Licht und Liebe in mein erstes Lebensjahr (1951/52) zu schicken. Es tauchten in diesem Moment sehr klare Bilder von meinen Eltern auf: Sie ließen sich scheiden, als ich ein Jahr alt war. Auch an meine Tante, bei der ich aufgewachsen bin, und an meine damalige Umgebung erinnerte ich mich genau. Da ich den Eindruck habe, dass mich Dinge aus dieser Zeit heute noch belasten, habe ich verschiedene Male versucht, in diese Zeit zurückzukommen. In einer Stunde, in der ich mich von Frau Asbach begleiten ließ, erschien ein Bild von einem schweren Burgtor, das von einem Ritter bewacht wurde, der mir den Einlass verwehrte. Ich habe es als Schutzsignal meiner Seele verstanden, an dieser Stelle jetzt nicht weiter vorzudringen. Meine Situation bzw. meine Sicht der Dinge hat sich durch die erste Reiki-Behandlung schon verändert.

Meine persönliche Erfahrung

Zunächst möchte ich den Reiki-Meistern und -Meisterinnen danken, die mich in Reiki eingeweiht und ihre Erfahrungen mit mir geteilt haben, insbesonders Ulla, Viviane und Manfred. Meinen Schülern und Schülerinnen und allen Menschen, die ich mit Reiki behandeln durfte, danke ich für die guten Erfahrungen gegenseitigen Lernens.

Mit meiner persönlichen Reiki-Erfahrung möchte ich dieses Buch abschließen. Wie eingangs bereits erwähnt, erkrankte ich 1992 an Multipler Sklerose. Die Krankheit trat so heftig in Erscheinung, dass ich nach einem zehnwöchigen Klinikaufenthalt gegen meinen Willen sofort frühberentet wurde mit der Bemerkung, dass Heilmaßnahmen nicht mehr greifen würden. Nach einem Prozess des Nicht-Wahrhaben-Wollens und der inneren Auflehnung lernte ich, die Krankheitssymptome als symbolische Parameter bezüglich meiner Heilung zu verstehen. Ich erkannte die Krankheit als eine notwendige Kurskorrektur auf meinem Weg, als eine strenge und gütige Lehrmeisterin zugleich. In dem Maße, in dem ich in die durch die Krankheit hervorgerufenen körperlichen Einschränkungen einwilligte, lösten sich die einzelnen Symptome auf. Therapeutische Sitzungen und Reiki-Behandlungen waren meine einzigen Heilmittel.

Meine neurologischen Befunde haben sich seither nicht verschlechtert. Trotz des noch immer bestehenden chronischen Krankheitsbefundes fühle ich mich so gesund und kraftvoll wie nie zuvor und ohne körperliche Einschränkungen. Meine Einstellung zum Leben hat sich von Grund auf geändert. Ich gönne mir viel mehr Pausen und öffne meine Augen für die Schönheit des Lebens.

Ich danke der Kraft, die ordnend in mein Leben eingegriffen hat, und meinen Führern in der geistigen Welt für ihre Wegweisung. Meiner Freundin Uschi und meinen Töchtern Silke und Ute danke ich für ihre liebevolle Begleitung.

Anhang

Buchempfehlungen

von Bingen, Hildegard: Gotteserfahrung und Weg in die Welt. Walter, Olten/Freiburg 1989
Blaszok, B.: Reiki fürs Leben, Goldmann, München 1994
Brown, F.: Reiki Leben, Großmeisterin Takatas Lehren. Synthesis, Essen 2003
Dahlke, R.: Krankheit als Sprache der Seele, Goldmann, München, 1997
Graf Dürckheim, K.: Der Ruf nach dem Meister. O.W. Barth, München 2001
Hay, L.: Heile Deinen Körper. Lüchow, Freiburg 2004
Hay, L.: Meditationen für Körper und Seele. Heyne, München 2001
Horan, P.: Das große Buch der Reiki Kraft. Windpferd, Aitrang 2005
Jung, C.G.: Der Mensch und seine Symbole. Walter, Olten/ Freiburg 1999
Jung, C.G.: Die Archetypen und das kollektive Unbewusste. Walter, Olten/Freiburg 1995
Petter, F.A.: Das Reiki-Feuer, Windpferd 2000
Redfield, J.: Die Prophezeiungen von Celestine. Ullstein TB, Berlin 2004
Sharamon, S./Baginski, B.J.: Reiki. Synthesis-Verlag, Essen 1992
Sharamon S./Baginski B.J.: Das Chakra-Handbuch. Windpferd, Aitrang 1989
Usui, Mikao; Petter, F.A.: Original Reiki-Handbuch des Doktor Mikao Usui. Windpferd, Aitrang 1999
Zopf, R.: Reiki. Archantaya-Verlag, Scharnhorst 2001

Musikempfehlungen

Merlins Magic: Reiki, Windpferd, Aitrang 2003
Micon: Song for Reiki, Aquamarin, Grafing 1994
Rainer Lange: Quell der Heilung Vol. 1, Arche Noah, Oster-Schnatebüll 1993
Karunesh: Sounds of the Heart. Oreade 2002
Stemra: Reiki Music for harmonious spirit
Sattva Music: Reiki-Brightness Healing 2001
Sayama: Reiki-Hände, KOHA 2004
Sandelan: Spiritual Healing. Aquamarin, Grafing 2000
Balance Harmony: Reiki Spiritual vitamins, EMI 2002
Deuter: Reiki-Hands of Light 2005

Adressen

Informationen über Reiki-Bücher, CDs, Reiki-Zubehör (Liegen etc.), Reiki-Meister-Adressen:
www.Reiki.de

Informationen über Kurse der Autorin

Gerda Irini Asbach, Merkurstr. 13, 76337 Waldbronn,
   Tel.: 0 72 43-65 20 83
Milelja-Inselgarten 81108 Molivos, Lesbos/GR,
   Tel.: 00 30-2 25 30-7 11 80
info@Milelja-Inselgarten.com
www.Milelja-Inselgarten.com

Über die Autorin

Gerda Irini Asbach praktiziert Reiki seit mehr als 17 Jahren. Fast genauso lange unterrichtet sie Schüler in Reiki und bildet Reiki-Meisterinnen aus. Zusätzlich ließ sie sich im Laufe der Jahre in Gestalttherapie, Geomantie und Aqua-Balancing ausbilden. Heute ist sie Mitbesitzerin und Leiterin des Zentrums für Begegnung, Heilung und Tanz *Milelja-Inselgarten* in Molivos auf Lesbos, Griechenland, wo sie mehr als zwei Drittel des Jahres lebt und lehrt. Sie erlernte den ersten Reiki-Grad bei Ulla Oberkersch, die von Phyllis Lei Furumoto zur Meisterin geweiht worden war. Schon bei der Anwendung der ersten Reiki-Kenntnisse aus dem Grundkurs erfuhr Frau Asbach die Wirkung von Reiki eindrucksvoll: Die Reiki-Energie löste bei ihr und den von ihr Behandelten tiefe Prozesse aus. Nach Erlangung ihres zweiten Reiki-Grads organisierte sie zwei Jahre lang Reiki-Kurse und -Treffen. Ihre Kenntnisse erweiterte und vertiefte sie bei einem Reiki-Meister und drei -Meisterinnen. Seit nunmehr 14 Jahren ist sie selbst Reiki-Meisterin. Im Jahr ihrer Einweihung erkrankte sie schwer. Doch die Krankheit sah Frau Asbach als ihre ganz persönliche Meisterlehre an. Reiki und die Wegweisung durch die geistige Welt ließen sie gesunden. Sie ist der göttlichen Kraft dankbar, die ordnend in ihr Leben eingegriffen hat.

Register

Abgrenzung, Fähigkeit zur 99
Abhängigkeiten 53
Adrenalin, Produktion von 101
Akupunkturpunkte 19, 93 f.
Alltagsbewältigung 171
Angina 182
Angst 152
Anspannung 101, 116
Aqua-Balancing 12
Archetypus 159
Ärger, aufgestauter 99
Astralleib siehe Emotionalkörper
Atem 20 f.
Atemfluss 42
Atemrhythmus 21
Ätherkörper 46, 92
Aufbaukurs 52
Aufbaukurs Reiki (zweiter Grad) 140–158
Aufgehobensein 43
Aufklärung 32
Aufmerksamkeit 20 f., 173
Aufregung 101, 116
Aura 34 f., 37
Aura, Ausstreichen der 106, 117 ff.
Aura, Schließen der (Schutzübung) 139
Auraschichten, vier 37

Ausgeliefertsein 53
Ausstrahlung 41
Austausch, energetischer 39

Bakterienbekämpfung, radiologische 58
Basischakra siehe Wurzelchakra
Bauchkrämpfe 97, 109
Bauchspeicheldrüse 99, 112
Bedürfnisse 171
Begabungen, musische 40
Begrenzungen 12
Behandlung (Vorbereitung) 104
Behandlungen, homöopathische 137
Beruf, Reiki als 70 ff.
Beschwerden, chronische 56
Beweglichkeit 100, 113
Beweglichkeit, individuelle 100
Bewusstheit 51, 56
Bewusstwerdung, geistige 26
Beziehungskonflikte 116
Bingen, Hildegard von 35
Bioplasma 31
Blase 113
Blockaden 10, 16 f., 39, 50
Blütenessenzen 67
Blutungen 182
Brandwunden 64

Buddha 27 f.
Buddhismus 26

Chakra, drittes und fünftes (Ausgleich) 123
Chakra, erstes und siebtes (Ausgleich) 122
Chakra, viertes (Ausgleich) 123 f.
Chakra, zweites und sechstes (Ausgleich) 122
Chakras 34, 39, 47
Chakras, Aufbau der 120
Chakras, Ausgleich der 48, 91, 117 ff.
Chakras, Lage der (Abbildung) 73
Chardin, Teilhard de 50
Claudius, Matthias 19

Dankbarkeit 80
Darm 99
Darmbereich 116
Darmbeschwerden 56
Darmgrippe 152
Darminfekt 182
Denkmuster 149
Depressionen 99, 112
Disziplin, spirituelle 69
Doppel, ätherisches siehe Vitalkörper
Dosis, medikamentöse 64
Drittes Auge (6. Chakra) 42 f., 86, 108, 122
Drüsen 99, 113

Drüsensystem (Abbildung) 73
Drüsensystem 46
Düngemittel 58
Dürer, Albrecht 19
Durchsetzungskraft 40
Durchsetzungsvermögen 41

Edelsteine 62
Edelsteine, unterstützende 40 ff.
Eierstöcke 99, 113
Einschlafstörungen 57
Einstein, Albert 32
Einstellungen, negative 149
Einweihung 10
Einweihung, Ritual der 144
Einweihung, zweite 143 f.
Einweihungen, Reiki und 65
Einweihungsweg 143
Ekstase 26
Emotionalkörper 36, 38
Energie 32 ff.
Energie, Fluss der 30
Energie, göttliche 88
Energie, kosmische 34
Energie, universale 34
Energieaustausch 88
Energiebahnen 52
Energieblockaden 117, 171 f.
Energiefluss 39
Energiekanal 88
Energiekörper 36
Energiekreislauf 33
Energiepunkte 19

Energieübertragung 136
Energiewahrnehmung,
  Selbstversuch zur 46
Engelsenergie 30
Entgiftung 99, 112
Entspannung 99, 112, 171
Entzündungen 137
Erdung 102
Erdungspositionen 117
Erfahrung, leibseelische 33
Erkrankungen, chronische 182
Erkrankungen, fieberhafte 137
Ernährung 12
Erstbehandlung 90, 137
Erstverschlimmerung 137

Facharzt 182
Farbfolien 67
Fernheilung 142
Fern-Reiki 36
Fortpflanzungsorgane 99, 113
Furumoto, Phyllis Lei 69, 83, 136
Fußchakra 103

Galle 99, 111
Ganzbehandlung 136 f.
Geborgenheit 20, 109
Gedanken, positive 150
Gedankenmuster 50, 169
Gegenleistung (Partnerbehandlung) 89
Geheimhaltung, notwendige 143 ff.
Gehirnhälften 109
Geisteshaltung, positive 180 f.
Gelassenheit 159
Gelöstheit 115
Genährtsein, emotionales 111
Genesung 170
Genmanipulation 58
Geomantie 12
Gestalttherapie 10
Gestik 35
Gesunderhaltung 169
Gesundheit 170
Glaube, mystischer 32
Gott 18, 25, 31, 33
Grippe 137, 182
Groll, aufgestauter 112
Großhirn 97
Grundkurs (Reaktionen) 135
Grundkurs Reiki (erster Grad) 89–140
Grundlagen, Grundprinzipien und (Grundkurs) 91
Grundlagen, Grundprinzipien und (Reiki-Lehrer) 164
Grundlagen, Grundprinzipien und (Reiki-Meister) 161 f.
Grundseminar (Abschluss) 134
Grundsicherheit 109

Hals 110
Hämorrhoiden 117
Handchakras 41
Hände 16, 18 ff., 24, 93

201

Handpositionen 92 ff.
Hauptchakras 103
Hauptchakras, sieben
 (Abbildung) 7
Hauptchakras, sieben (Tabelle)
 44 f.
Hauptchakras, sieben 39
Hauptenergiebahn 39
Hayashi, Chujiro 81 f.
Heilchakras 19, 52
Heilen, Tradition des 24
Heilenergie 52, 171
Heiler, aurasichtige 35
Heiler, buddhistische 26 f.
Heiler, christliche 26
Heiler/in 24 f.
Heilkräuter 58
Heilung 11
Heilung, vier Schritte zur 179 ff.
Heilungsritual, Einweihung als 53
Heilverfahren, alternative 63
Heilverfahren, Reiki und andere
 63
Herbizide 58
Herz 111
Herz, Weg des 161
Herzchakra (4.Chakra) 23, 41 f.,
 86, 98, 111, 115
Herz-Kreislauf-Beschwerden 56
Hexenschuss 182
Hingabe 41 f.
Hormonausschüttung 47

Ich-Stärke 41
Individualität 41, 99
Infekt, grippaler 152
Insulinproduktion 99, 112
Intellekt 43
Intuition 42, 122
Ischias 102, 117, 182

Jung, C. G. 159, 172

Kehlkopf 97, 110
Kehlkopfchakra (5. Chakra) 42,
 86, 98, 110, 123
Kinder, Reiki für 57
Kindheitserlebnisse 154
Kindheitstrauma 173
Kinesiologie 30
Kirlian-Fotografie 35 f.
Klarheit 51
Kommunikation 42, 111
Kopf, Handpositionen am
 95 ff.
Kopfbereich 93
Kopfposition 1 (Partner) 107
Kopfposition 1 95
Kopfposition 2 (Partner) 108
Kopfposition 2 95 f.
Kopfposition 3 (Partner) 108 f.
Kopfposition 3 96
Kopfposition 4 (Partner) 109
Kopfposition 4 96 f.
Kopfposition 5 (Partner) 109
Kopfposition 5 97

Kopfpositionen, fünf (Partner) 107 ff.
Körper, Chakras und 46 f.
Körper, feinstoffliche 35 ff., 46
Körper, spirituelle 38
Körperhaltung 35, 92, 142
Körperrückseite, Handpositionen an der 100 ff.
Körpervorderseite, Handpositionen an der 97 ff.
Kräfte, schöpferische 40
Kraftzentralen, feinstoffliche 39
Krankheit 10 f., 50 f., 104, 168–174, 180
Krankheitsfall, Reiki im 56
Krankheitssymptom 169, 174
Krankheitsursachen 169
Kreativität 56, 122
Krebs 182
Kreuzbeinbereich 117
Kronenchakra siehe Scheitelchakra
Kurzbehandlung 91, 124 ff.

Landbau, biologischer 33
Läuterung 25
Lebensenergie 17, 31 f., 58, 171
Lebensenergie, Schwingungsfrequenz der 27
Lebensfluss 16
Lebensregeln 135
Leber 111

Lehrer, Aufgabe der 165
Lehrer-Ausbildung 52
Leid 25
Leiden, chronische 64
Leitgedanken 149
Leitmotive, positive 147
Leitsätze 150, 180
Lerneinheiten, vier (Grundkurs) 90
Lichtenergie 58
Liebe 31, 62, 98, 181
Liebe, Macht der 105 f.
Liebe, Zentrum der 41
Liebesenergie 30
Lukas-Evangelium 26
Lunge 98, 111

Machbarkeitswahn 32
Magen 98 f., 111
Magenleiden 56
Mangel 169
Mantras 27
Markus-Evangelium 26
Materie, Reiki für unbelebte 62
Meditation 20, 26
Meister-Ausbildung 52
Meistereinweihung 162
Meisterstatus 67
Meistersymbol 163
Mensch, Energiekörper des 34
Menschen, aurasichtige 169
Menstruationsbeschwerden 97, 109

Mentalkörper 36, 38
Michelangelo, Buonarroti 19
Migräne 56, 182
Milz 99, 112
Mimik 35
Mitgefühl 25, 98, 168
Mönche, tibetische 27 f.
Muster 12
Muster, einschränkende 142
Muster, krank machende 180

Nabelchakra siehe Solarplexuschakra
Nackenbereich 101
Nahrung 57
Nahrungsmittel 57 ff.
Natur 25, 32, 57
Natur, Entgöttlichung der 32
Naturreligionen 25
Nebenchakras 39
Nieren 116
Notfall, Reiki im 181

Ohr 93
Ohrensausen 56
Öle, ätherische 62, 67
Operationen 64, 182
Organe 19
Organe, Chakras und 120
Organe, innere 103
Organismus 172
Orgon 31

Panzerungen 16 f.
Partner, Meditation mit 22 f.
Partnerbehandlung (Ritual) 105
Partnerbehandlung (Abfolge) 106
Partnerbehandlung 91 f., 104 ff.
Pestizide 58
Petter, Frank 76
Pflanzen, Fern-Reiki für 157
Pflanzen, Reiki für 61 f.
Pilzbekämpfung, radiologische 58
Polarität 48
Position 1 (Kurzbehandlung) 124
Position 2 (Kurzbehandlung) 125
Position 3 (Kurzbehandlung) 126
Position 4 (Kurzbehandlung) 126
Position 5 (Kurzbehandlung) 127
Position 6 (Kurzbehandlung) 127
Prana 31
Prellungen 182
Priester/in 24
Probleme, körperliche 39
Probleme, psychische 39
Pyramide (Schutzübung) 138

Qi Gong 30

Räume, Reinigen von 139 f.
Raum-Zeit-Ebene 150
Reaktionen 17
Reflexzonen 94
Reich, Wilhelm 16, 31
Reiki (Bedeutung) 30 f.
Reiki, bipolares 49

Reiki, Erfahrungen mit 183-194
Reiki, zehn Gründe für 54 f.
Reiki-Behandlung 66
Reiki-Einweihung 52 f.
Reiki-Energie 28, 36, 49, 65, 67, 119, 144, 151, 157
Reiki-Fernbehandlung 151-156
Reiki-Grad, dritter (Meistergrad) 87, 161
Reiki-Grad, erster 86, 161
Reiki-Grad, zweiter 86 f., 161
Reiki-Grundseminare 66
Reiki-Heilmethode 81
Reiki-Initiation 53
Reiki-Kanal 53, 65
Reiki-Kraft 66, 89, 106
Reiki-Lehrer (vierter Grad) 164 f.
Reiki-Meister (dritter Grad) 67, 159
Reiki-Organisationen 68
Reinigungsvorgang 53
Reiki-Grad, vierter (Reiki-Lehrer) 87
Relativitätstheorie 32
Revitalisierung 104
Rückenposition 1 (Partner) 115
Rückenposition 1 101
Rückenposition 2 (Partner) 115
Rückenposition 2 101
Rückenposition 3 (Partner) 116
Rückenposition 3 101 f.
Rückenposition 4 (Partner) 116
Rückenposition 4 102
Rückenposition 5 (Partner) 117
Rückenposition 5 102
Rückenposition 6 (Partner) 117
Rückenposition 6 103
Rückenposition 7 (Partner) 117
Rückenposition 7 103
Rückenpositionen, sieben (Partner) 113-117
Rückenschmerzen 182
Rückenselbstbehandlung 100
Rückenverspannungen 102
Ruhe 115, 159, 171

Sakralchakra (2. Chakra) 40, 86 f., 96 f., 102, 117, 122, 144
Schamane/in 25 f.
Scheitelchakra (7. Chakra) 43, 86, 97, 122
Schilddrüse 98, 110
Schiller, Friedrich 19
Schlafstörungen 56, 182
Schmerz 168, 174
Schmerztherapie 64
Schock 182
Schöpfungsenergie 31
Schulmedizin 63
Schutz 20
Schutzblase (Schutzübung) 137 f.
Schutzübungen 137
Schwangerschaft 57
Schwingungsfrequenz 38
Sehen, inneres 122
Sein, ewiges 43

Register

Selbstannahme 161
Selbstausdruck 42, 111
Selbstbehandlung 91 f., 94, 136
Selbstbewusstheit 42
Selbstheilung 25
Selbstheilungskräfte 51, 56, 98, 111
Selbstreinigung 25, 27
Selbstverantwortung (Reiki-Meister) 159 f.
Selbstverantwortung 88
Selbstvergessenheit 136
Seminargebühren 68 ff.
Seminarwochenende 90
Sexualität 40
Shiatsu 30
Sinnlichkeit 40, 122
Solarplexuschakra (3. Chakra) 86, 99, 111, 123, 144
Sonderposition 1 (Kopf) 128 f.
Sonderposition 2 (Kopf) 129
Sonderposition 3 (Kopf) 129
Sonderposition 4 (Kopf) 130
Sonderposition 5 (Kopf) 130
Sonderposition 6 (Kopf) 130 f.
Sonderposition 7 (Kopf) 131
Sonderposition 8 (Kopf) 131 f.
Sonderposition 9 (Vorderseite) 132
Sonderposition 10 (Vorderseite) 132 f.
Sonderposition 11 (Rückenseite) 133
Sonderposition 12 (Rückenseite) 134
Sonderpositionen 128–134
Spannungen 21
Spiritualkörper 36
Sprachlosigkeit 22
Stimmbänder 97, 110
Stimme, Klang der 35
Stimulationszonen 103
Stress 51, 101, 116, 171, 182
Symbol, drittes 150
Symbol, erstes 146
Symbol, zweites 147
Symbole 145 f.
Symbole, heilende 27
Symbole, heilige 28, 144
Symptome 12, 169
System, endokrines 46

Tai Chi Chuan 30
Takata, Hawayo 35, 68, 82 f., 86
Tanzen 18
Thymusdrüse 98, 111
Tiere, Fern-Reiki für 156
Tiere, Reiki für 60 f.
Tinnitus 182
Tradition, buddhistische 27
Trance 25
Träume 42

Überleben 40
Universale Energie 31
Universale Lebensenergie 65

Unterleib 102
Unterleibsorgane 109
Unterschiede, individuelle 93
Urvertrauen 109
Usui, Mikao 28, 30, 76–81, 88
Usui-System 31, 81 f.

Verantwortung 115, 160
Verbrennungen 182
Verbundenheit 43
Verdauung 99, 112
Verdauungsbeschwerden 57, 99, 111 f.
Vergangenheit, Loslassen der 102
Vergebung 155
Verhaltensmuster 17, 174
Verhaltensweisen 50
Verletzungen 10, 16 f.
Verletzungen, offene 64
Versenkung 27
Verstauchungen 182
Vertrauen 41
Vitalkörper 36 ff., 118
Vitalstoffe 57
Vitaminversorgung 59
Volksheilkunst, Reiki als 56
Volksweisheiten 174–179
Vorderposition 1 (Partner) 110
Vorderposition 1 97
Vorderposition 2 (Partner) 111
Vorderposition 2 98
Vorderposition 3 (Partner) 111
Vorderposition 3 98 f.
Vorderposition 4 (Partner) 111 f.
Vorderposition 4 99
Vorderposition 5 (Partner) 112
Vorderposition 5 99
Vorderposition 6 (Partner) 112 f.
Vorderposition 6 99
Vorderposition 7 (Partner) 113
Vorderposition 7 99
Vorderposition 8 100
Vorderpositionen, sieben (Partner) 110 ff.
Vorwärtsschreiten 100

Wachstum, geistiges 56
Weisheit 123
Wertschätzung 181
Wertungsschemen 50
Wundbehandlung 182
Wurzelchakra (1. Chakra) 40, 87, 117, 122, 162

Zahnschmerzen 182
Zeit 150 f.
Zeit, Raum und 151
Zwerchfell 99, 111

Die ganze Welt des Taschenbuchs
unter
www.goldmann-verlag.de

Literatur deutschsprachiger und
internationaler Autoren,
Unterhaltung, Kriminalromane, Thriller,
Historische Romane und Fantasy-Literatur

Aktuelle **Sachbücher** und **Ratgeber**

Bücher zu **Politik**, **Gesellschaft**,
Naturwissenschaft und **Umwelt**

Alles aus den Bereichen **Body**, **Mind + Spirit**
und **Psychologie**

Überall, wo es Bücher gibt und unter www.goldmann-verlag.de

Goldmann Verlag • Neumarkter Straße 28 • 81673 München

Mosaik bei
GOLDMANN

Buch

Reiki, japanisch für »universelle Lebensenergie«, ist ein ganzheitlicher Weg zur Heilung von Körper, Geist und Seele. Durch das Auflegen der Hände in bestimmten Positionen wird diese positive Lebensenergie kanalisiert und regt den Körper zur Selbstheilung an. Reiki löst damit Energieblockaden, baut Stress ab, entgiftet, stärkt die Abwehrkräfte und entspannt. Die Gestalttherapeutin Gerda Irini Asbach präsentiert praxisnah in einem Schritt-für-Schritt-Programm die vier Grade dieser fernöstlichen Heilkunst und erläutert die Tradition, die Wirkweise und die Anwendungsgebiete von Reiki. Die Autorin erklärt, wie man sich selbst oder auch den Partner behandelt und wie diese Heilmethode auch bei Tieren und Pflanzen anwendbar ist.

Autorin

Gerda Irini Asbach ist Gestalttherapeutin und praktiziert Reiki seit 1989. Sie hat bei mehreren Reiki-Meistern studiert und wurde 1992 in den Meistergrad eingeweiht. Ihr Wissen und ihre Erfahrung gibt sie in Seminaren weiter. Seit 2000 lebt und arbeitet Gerda Irini Asbach vorwiegend auf der griechischen Insel Lesbos in dem von ihr mitbegründeten Seminarzentrum »Milelja-Inselgarten« in Molivos.